LES

AUTEURS LATINS

EXPLIQUÉS D'APRÈS UNE MÉTHODE NOUVELLE

PAR DEUX TRADUCTIONS FRANÇAISES

Ce livre de l'Énéide a été expliqué littéralement par M. Sommer, docteur ès lettres, agrégé des classes supérieures, et traduit en français avec des notes par M. Aug. Desportes,

Paris. — Imprimerie de Ch. Labure et Cie, rue de Fleurus, 9.

LES
AUTEURS LATINS

EXPLIQUÉS D'APRÈS UNE MÉTHODE NOUVELLE

PAR DEUX TRADUCTIONS FRANÇAISES

L'UNE LITTÉRALE ET JUXTALINÉAIRE PRÉSENTANT LE MOT A MOT FRANÇAIS
EN REGARD DES MOTS LATINS CORRESPONDANTS
L'AUTRE CORRECTE ET PRÉCÉDÉE DU TEXTE LATIN

avec des sommaires et des notes

PAR UNE SOCIÉTÉ DE PROFESSEURS

ET DE LATINISTES

VIRGILE
DOUZIÈME LIVRE DE L'ÉNÉIDE

PARIS

LIBRAIRIE DE L. HACHETTE ET Cie

RUE PIERRE-SARRAZIN, N° 14

(Près de l'École de médecine)

1862

1861

AVIS

On a réuni par des traits les mots français qui traduisent un seul mot latin.

On a imprimé en *italiques* les mots qu'il était nécessaire d'ajouter pour rendre intelligible la phrase française, et qui n'avaient pas leur équivalent dans le latin.

Enfin, les mots placés entre parenthèses, dans le français, doivent être considérés comme une seconde expliaction, plus intelligible que la version littérale.

ARGUMENT ANALYTIQUE.

Turnus, voyant les Latins découragés par la perte de deux batailles, consent enfin à accepter le défi qu'Énée lui a proposé, vers 1-106. Il prie Latinus de dresser lui-même le traité en vertu duquel le vainqueur sera son successeur et son gendre. Le traité est sanctionné par le serment solennel d'Énée et de Latinus, en présence des deux armées, 107-215. — Junon pousse Juturne, sœur de Turnus, à rompre ce traité, 216-243. — Tolumnius, trompé par un faux présage, lance le premier un javelot contre les Troyens. Les deux armées en viennent aux mains de nouveau, 244-310. — Énée, blessé d'une flèche, en essayant de calmer les esprits, est forcé de quitter le champ de bataille. Turnus profite de sa retraite pour faire un grand carnage des Troyens, 324-429. — Énée retourne au combat et cherche inutilement Turnus, que Juturne, sous la figure de Métisque, a soin d'éloigner sans cesse pour empêcher les deux rivaux de se joindre. Alors Énée fait approcher les troupes de la ville dans l'intention de l'assiéger, 430-592. — La reine Amate, effrayée de cette attaque, se persuade que Turnus a cessé de vivre, croit que tout est désespéré, et se donne la mort, 593-613. — Turnus est instruit de cet événement funeste, et, voyant tout en péril et Laurente menacée, se décide à accomplir enfin les conditions du traité, et à entrer en lice avec Énée, 614-694. — Turnus est vaincu. Touché de ses prières, Énée est près de lui accorder la vie; mais la vue du baudrier de Pallas, que Turnus porte comme un monument de sa victoire, rallume la fureur du héros troyen, qui l'immole aux mânes de Pallas, suivant la promesse qu'il en avait faite à Évandre, 695 950.

ÆNEIS.

LIBER XII.

Turnus, ut infractos adverso Marte Latinos
Defecisse videt, sua nunc promissa reposci,
Se signari oculis, ultro implacabilis ardet,
Attollitque animos : Pœnorum qualis in arvis,
Saucius ille gravi venantum vulnere pectus,   5
Tum demum movet arma leo, gaudetque comantes
Excutiens cervice toros, fixumque latronis
Impavidus frangit telum , et fremit ore cruento;
Haud secus accenso gliscit violentia Turno.
Tum sic affatur regem, atque ita turbidus infit :   10
« Nulla mora in Turno; nihil est quod dicta retractent
Ignavi Æneadæ, nec, quæ pepigere, recusent.

Quand Turnus voit que les Latins, abattus par leurs revers,
languissent sans force et sans courage, qu'ils réclament l'effet de ses
promesses et que tous les yeux sont attachés sur lui, il sent sa fureur
implacable se rallumer d'elle-même, et sa fierté n'en est que plus
altière. Tel, dans les champs de Carthage, un fier lion que des
chasseurs ont percé au flanc d'une blessure profonde, prépare aussitôt
ses redoutables armes, se plaît à secouer les longs crins de son cou
nerveux, rompt sans effroi le trait enfoncé dans la plaie, et frémit
d'une gueule sanglante. Telle se glisse la rage au cœur enflammé de
Turnus. Dans le transport qui l'agite, il se présente au roi, et lui
parle ainsi : « Turnus est prêt, dit-il, et les lâches Troyens n'au-
ront plus de prétexte pour rétracter leur parole et violer leurs engagements. Je vais combattre. Dressez l'autel du sacrifice, dictez les

ÉNÉIDE.

LIVRE XII.

Turnus,	Turnus,
ut videt Latinos	dès qu'il voit les Latins
infractos Marte adverso	brisés (abattus) par Mars contraire
defecisse,	avoir défailli,
sua promissa reposci nunc,	ses promesses être réclamées maintenant,
se signari	lui être marqué (désigné)
oculis,	par les yeux de tous,
ultro	de lui-même
ardet implacabilis,	il brûle implacable,
attollitque animos :	et élève son courage :
qualis in arvis Pœnorum,	tel que dans les champs des Carthaginois
ille leo	ce superbe lion
saucius pectus	blessé à la poitrine
vulnere gravi venantum,	d'une blessure grave des chasseurs,
tum demum	alors seulement-enfin
movet arma,	agite ses armes (se prépare au combat),
gaudetque	et se réjouit
excutiens cervice	secouant de (sur) son cou
toros comantes,	ses muscles chevelus,
impavidusque	et sans-frissonner
frangit telum latronis	brise le trait du brigand (chasseur)
fixum,	enfoncé dans ses chairs,
et fremit ore cruento ;	et frémit d'une gueule sanglante ;
haud secus	non autrement
violentia gliscit	la violence (la rage) se glisse
Turno accenso.	dans Turnus enflammé.
Tum affatur sic regem,	Alors il adresse-la-parole ainsi au roi,
atque turbidus	et troublé (emporté)
infit ita :	il commence ainsi : [prêt] ;
« Nulla mora in Turno ;	« Aucun retard n'est dans Turnus (il est
nihil est	rien n'est (il n'y a pas de raison)
quod	pour que
ignavi Æneadæ	les lâches compagnons-d'Énée
retractent dicta,	retirent leur parole,
nec recusent	ni pour qu'ils refusent
quæ pepigere.	ce qu'ils ont conclu.
Congredior ;	J'en-viens-aux-mains ;

Congredior; fer sacra, pater, et concipe fœdus.
Aut hac Dardanium dextra sub Tartara mittam,
Desertorem Asiæ, sedeant, spectentque Latini,   15
Et solus ferro crimen commune refellam;
Aut habeat victos, cedat Lavinia conjux. »
    Olli sedato respondit corde Latinus :
« O præstans animi ¹ juvenis, quantum ipse feroci
Virtute exsuperas, tanto me impensius æquum est   20
Consulere, atque omnes metuentem expendere casus.
Sunt tibi regna patris Dauni, sunt oppida capta
Multa manu; nec non aurumque animusque Latino est;
Sunt aliæ innuptæ Latio et Laurentibus agris,
Nec genus indecores. Sine me hæc haud mollia fatu   25
Sublatis aperire dolis; simul hæc animo hauri.
Me natam nulli veterum sociare procorum
Fas erat, idque omnes divique hominesque canebant.
Victus amore tui, cognato sanguine victus,

pactes sacrés, vous, père auguste des Latins. Ou cette main précipitera
dans le Tartare ce Phrygien déserteur de l'Asie, et mon fer seul, à
la vue des Latins, spectateurs immobiles du combat, vengera dans
son sang la commune injure ; ou la victoire lui donnera nos peuples
pour sujets et Lavinie pour épouse. »
    D'un cœur calme et tranquille, Latinus lui répond : « Héros
magnanime, plus vous faites éclater le noble courage qui vous anime,
plus je dois écouter pour vous les conseils de la prudence, et peser
avec crainte tous les hasards de cette lutte. Vous avez pour héritage
les États de Daunus, votre père ; vous avez des villes nombreuses
conquises par votre valeur ; l'or et le cœur de Latinus ne vous man-
queront pas non plus ; mais il est dans le Latium et dans le territoire
de Laurente d'autres beautés, libres encore des lois de l'hymen, et
d'une illustre naissance. Souffrez que sans déguisement je vous dise
toute ma pensée, et recueillez dans votre cœur des vérités sévères. Il
ne m'était pas permis d'unir ma fille avec aucun de ceux qui d'abord
demandèrent sa main ; ainsi l'annonçaient et les dieux et les hommes.
Vaincu par ma tendresse pour vous, par les liens du sang, par les

fer sacra, — apporte (offre) un sacrifice,

pater, — père (auguste roi),

et concipe fœdus. — et exprime-par-la-formule la convenion.

Aut hac dextra — Ou bien de cette droite

mittam sub Tartara — j'enverrai sous le Tartare

Dardanium, — le Dardanien,

desertorem Asiæ, — déserteur de l'Asie,

Latini sedeant — que les Latins soient-assis

spectentque, — et soient-spectateurs,

et solus refellam ferro — et seul je réfuterai par le fer

crimen — l'accusation

commune; — commune (de tous contre moi);

aut habeat victos, — ou bien qu'*Énée* possède les vaincus

Lavinia cedat conjux. » — que Lavinie *lui* revienne *pour* épouse »

    Latinus respondit olli —   Latinus répondit à lui

corde sedato : — d'un cœur apaisé (calme) :

« O juvenis — « O jeune-homme   [age,

præstans animi, — qui excelles par *tes* sentiments-de-ou-

quantum ipse — d'autant que *toi*-même

exsuperas virtute feroci, — tu es-supérieur par *ta* valeur superb,

tanto impensius est æquum — d'autant avec-plus-de-soin il est just

me consulere, — moi méditer,

atque metuentem — et craignant

expendere omnes casus. — peser toutes les chances.

Tibi sunt regna — A toi est le royaume

Dauni patris, — de Daunus *ton* père,

sunt multa oppida — *à toi* sont beaucoup de villes

capta manu ; — prises par *ta* main (ta valeur) ;

nec non aurumque — et aussi de l'or, *si tu en veux*,

animusque — et de la bonne-volonté *pour toi*

est Latino; — est à Latinus ;

sunt aliæ innuptæ — il y a d'autres *filles* non-mariées

Latio et agris Laurentibus, — dans le Latium et les champs Laurenins,

nec indecores genus. — et non sans-éclat par la naissance.

Sine me — Permets-moi

aperire dolis sublatis — de découvrir *à toi*, *toutes* ruses écartées,

hæc haud mollia fatu ; — ces choses non douces à être dites;

simul hauri hæc — en même temps puise-les (reçois-les)

animo. — dans *ton* cœur.

Erat fas me — Il n'était permis à moi

sociare natam — d'unir *ma* fille

nulli veterum procorum, — à aucun de *ses* anciens prétendants,

omnesque — et tous

divique hominesque — et dieux et hommes

canebant id. — chantaient (prédisaient) cela.

Victus amore tui, — Vaincu par *mon* amour de (pour) toi,

victus sanguine cognato, — vaincu par *notre* sang de-parents,

Conjugis et mœstæ lacrimis, vincla omnia rupi;   30
Promissam eripui genero; arma impia sumsi.
Ex illo qui me casus, quæ, Turne, sequantur
Bella, vides; quantos primus patiare labores.
Bis magna victi pugna vix urbe tuemur
Spes Italas; recalent nostro Tiberina fluenta   35
Sanguine adhuc, campique ingentes ossibus albent.
Quo referor toties? quæ mentem insania mutat?
Si, Turno exstincto, socios sum adscire paratus,
Cur non incolumi potius certamina tollo?
Quid consanguinei Rutuli, quid cetera dicet   40
Italia, ad mortem si te, Fors dicta refutet!
Prodiderim, natam et connubia nostra petentem?
Respice res bello varias; miserere parentis
Longævi, quem nunc mœstum patria Ardea longe
Dividit. » Haudquaquam dictis violentia Turni   45

larmes d'une épouse désolée, j'ai rompu tous mes engagements sacrés ;
j'ai arraché à un gendre l'épouse promise, et j'ai levé contre lui des
armes sacriléges. Depuis ce jour, vous voyez, Turnus, quels malheurs, quelles guerres me poursuivent ; à quels affreux périls vous
êtes vous-même exposé. Vaincus dans deux grandes batailles, à
peine pouvons-nous nous défendre dans cette ville, dernière espérance de l'Italie ; le Tibre est tiède encore du sang de nos guerriers,
et leurs ossements blanchissent au loin les campagnes. Pourquoi ces
mille retours sur moi-même, et par quelle folle inconstance mes
desseins changent-ils sans cesse? Si, quand Turnus ne sera plus, je
dois associer les Troyens à mon empire, pourquoi, tandis qu'il vit,
ne pas mettre un terme à la guerre ? Que diront les Rutules mes
alliés, que dira tout le reste de l'Italie, si, puisse le ciel tromper ma
prévision! je vous livre à la mort pour avoir demandé la main de
ma fille et mon alliance ? Songez au sort incertain des combats ;
ayez pitié de votre vieux père qui, dans Ardée sa patrie, s'afflige de
la distance qui vous sépare. » Ces paroles ne calment point la violence de Turnus ; il n'en devient que plus intraitable, et le remède

et lacrimis	et par les larmes
conjugis mœstæ,	de *mon* épouse triste,
rupi omnia vincla;	j'ai rompu tous les liens
eripui genero	j'ai enlevé à *mon* gendre
promissam;	*Lavinie* promise *à lui;*
sumsi arma impia.	j'ai pris des armes impies.
Ex illo	Depuis ce *jour*
vides, Turne, qui casus,	tu vois, Turnus, quels malheurs,
quæ bella me sequantur;	quelles guerres me poursuiven;
quantos labores	quels grands travaux (maux)
patiare primus.	tu souffres *tout* le premier.
Victi bis	Vaincus deux-fois
magna pugna	dans une grande bataille
tuemur vix urbe	nous défendons à peine par un ville
spes Italas;	les espérances de-l'Italie;
fluenta Tiberina	les courants du-Tibre
recalent adhuc	sont-tièdes encore
nostro sanguine,	de notre sang,
ingentesque campi	et les vastes campagnes
albent ossibus.	sont-blanchies de *nos* os.
Quo referor	Où suis-je rapporté (pourquoi varier)
toties?	tant de fois?
quæ insania	quelle démence
mutat mentem?	change *ma* volonté?
Si, Turno exstincto,	Si, Turnus étant mort,
sum paratus	je suis prêt
adscire socios,	à adopter *les Troyens pour alliés*,
cur non tollo potius	pourquoi ne supprimé-je pas jutôt
certamina,	les combats,
incolumi?	*Turnus étant* sain-et-sauf?
Quid Rutuli	Que *diront* les Rutules
consanguinei,	*qui sont* du-même-sang *que mi*,
quid dicet cetera Italia,	que dira le reste de l'Italie,
si, Fors refutet	si, que la Fortune rejette (dérente)
dicta!	*mes* paroles!
prodiderim ad mortem	j'aurai livré (j'envoie) à la mct
te petentem natam	toi qui recherches *ma* fille
et nostra connubia?	et notre alliance-par-mariage
Respice	Regarde (considère)
res varias bello;	les événements divers par (dans la guerre;
miserere longævi parentis,	aie-pitié de *ton* vieux père,
quem nunc mœstum	que maintenant affligé
Ardea patria	Ardée sa patrie
dividit longe. »	sépare loin (éloigné) *de toi.* »
Violentia Turni	*La violence de Turnus*
haudquaquam flectitur	n'est nullement fléchie
dictis :	par *ces* paroles :

Flectitur : exsuperat magis, ægrescitque medendo.
Ut primum fari potuit, sic institit ore :
« Quam pro me curam geris, hanc precor, optime, pro me
Deponas, letumque sinas pro laude pacisci.
Et nos tela, pater, ferrumque haud debile dextra   50
Spargimus, et nostro sequitur de vulnere sanguis.
Longe illi dea mater erit, quæ nube fugacem
Feminea tegat, et vanis sese occulat umbris. »
    At regina, nova pugnæ conterrita sorte,
Flebat, et ardentem generum moritura tenebat :   55
« Tūrnè, per has ego te lacrimas, per, si quis Amatæ
Tangit honos animum, spes tu nunc una, senectæ
Tu requies miseræ; decus imperiumque Latini
Te penes; in te omnis domus inclinata recumbit,
Unum oro : desiste manum committere Teucris.   60
Qui te cumque manent isto certamine casus,

ne fait qu'aigrir son mal. Dès qu'il peut parler, il réplique en ces
mots : « Ces soins que vous inspire votre tendre amitié pour moi,
épargnez-vous-les, je vous prie, ô le meilleur des princes, et souffrez que j'achète la gloire aux dépens de mes jours. Et nous aussi,
ô mon père, nous savons manier le fer, lancer des traits d'une main
qui n'est pas sans vigueur, et le sang suit de près la blessure qu'ils
ont faite. Énée n'aura pas toujours à ses côtés sa mère prête à couvrir d'un nuage la honte de sa fuite, en se cachant elle-même sous
de vaines ombres. »

    Cependant, effrayée des dangers du nouveau combat qui s'apprête,
la reine s'abandonnait aux larmes, et, mourante de douleur, cher-
chait à retenir l'impétueux guerrier. « Turnus, s'écriait-elle, par ces
pleurs, par la gloire d'Amate, si quelque respect pour elle vous touche
encore, n'enlevez pas à ma vieillesse le seul espoir qui lui reste; vous,
désormais mon unique consolation, vous, le soutien de Latinus, de son
empire et de sa gloire, vous enfin, sur qui repose tout entière notre
maison chancelante, je vous en conjure, et je ne vous demande que
cette grâce, renoncez au dessein de combattre contre le Troyen.
Dans cette lutte, quel que soit le sort qui vous attende, Turnus

exsuperat magis, — elle domine (augmente) plus encore,
ægrescitque — et devient-malade (s'irrite)
medendo. — en la guérissant (par les remèdes qu'on lui
Ut primum — Dès que d'abord (aussitôt que) [apporte).
potuit fari, — il put parler,
institit sic ore : — il suivit (répondit) ainsi de sa bouche :
« Deponas pro me, — « Dépose (quitte) pour moi,
precor, optime, — je t'en prie, très-excellent roi,
hanc curam — ce soin (cette inquiétude)
quam geris pro me, — que tu portes (nourris) pour moi,
sinasque pacisci letum — et permets-moi de stipuler la mort
pro laude. — en échange de la gloire.
Et nos, pater, — Nous aussi, père (auguste roi),
spargimus dextra tela — nous répandons de notre droite des traits
ferrumque haud debile, — et un fer non débile,
et sanguis sequitur — et du sang suit (coule)
de vulnere nostro. — de la blessure nôtre (faite par nous).
Dea mater erit longe illi, — La déesse sa mère sera loin à lui (à Énée),
quæ tegat fugacem — qui couvre (pour couvrir) lui en-fuite
nube feminea, — d'un nuage de-femme,
et sese occulat — et se cache (en demeurant cachée)
vanis umbris. » — dans de vaines ombres (ténèbres). »
At regina, — Mais la reine,
conterrita — épouvantée
nova sorte pugnæ, — de ce nouveau sort (genre) de combat,
flebat, — pleurait,
et moritura — et sur-le-point-de-mourir (mourante)
tenebat generum — tenait son gendre
ardentem : — enflammé :
« Turne, per has lacrimas, — « Turnus, par ces larmes,
per, — par ton respect pour moi,
si quis honos — si quelque honneur (respect)
Amatæ — de (pour) Amate
tangit animum, — touche ton cœur,
tu nunc una spes, — tu es maintenant la seule espérance,
tu requies — tu es le repos
senectæ miseræ ; — de ma vieillesse malheureuse ;
decus imperiumque Latini — la gloire et l'empire de Latinus
penes te ; — sont au pouvoir de toi ;
omnis domus — toute notre maison
inclinata recumbit in te, — penchée repose sur toi,
ego oro te — je demande-avec-prière à toi
unum : — une-seule chose :
desiste committere manum — abstiens-toi d'engager la main (de com-
Teucris. — avec les Troyens. [battre)
Quicumque casus — Tous les hasards
manent te — qui attendent toi

1.

Et me, Turne, manent : simul hæc invisa relinquam
Lumina, nec generum Ænean captiva videbo. »
Accepit vocem lacrimis Lavinia matris
Flagrantes perfusa genas; cui plurimus ignem   65
Subjecit rubor, et calefacta per ora cucurrit.
Indum sanguineo veluti violaverit ostro
Si quis ebur; aut mixta rubent ubi lilia multa
Alba rosa : tales virgo dabat ore colores.
Illum turbat amor, figitque in virgine vultus;   70
Ardet in arma magis, paucisque affatur Amatam :
« Ne, quæso, ne me lacrimis, neve omine tanto
Prosequere in duri certamina Martis euntem,
O mater : neque enim Turno mora libera mortis.
Nuntius hæc, Idmon, Phrygio mea dicta tyranno   75
Haud placitura refer : quum primum crastina cœlo
Puniceis invecta rotis Aurora rubebit,
Non Teucros agat in Rutulos; Teucrum arma quiescant

le même sort m'attend ; si vous mourez, en même temps que vous
j'abandonnerai une vie odieuse, et je ne verrai point, captive, Énée
devenir mon gendre. » A ces paroles d'une mère, des pleurs inondent les joues brûlantes de Lavinie. Le feu d'une vive rougeur colore
son visage et se répand sur ses traits enflammés. Comme le pur
ivoire de l'Inde, dont la pourpre de Tyr a nuancé l'albâtre, ou
comme le lis blanc rougit mêlé à l'incarnat des roses, tels écla-
taient ces feux sur le front de la jeune fille. Turnus, transporté
d'amour, attache ses avides regards sur Lavinie, et sent redoubler
son ardeur guerrière. Il adresse ce peu de mots à la reine : « Ma
mère, je vous en supplie, cessez de m'opposer vos pleurs, et qu'un
si triste présage ne m'accompagne pas quand je vole aux luttes terribles de Mars. Dût-il y trouver la mort, Turnus n'est plus libre de
différer. Cours, Idmon, messager fidèle, et porte au roi phrygien
ces paroles qui peut-être ne plairont pas à son lâche cœur : demain,
dès que l'Aurore, portée sur son char vermeil, rougira le ciel de
ses feux, qu'il ne fasse point marcher ses Troyens contre mes Rutules : Rutules et Troyens, qu'ils laissent reposer leurs armes ; que

isto certamine,	dans cette lutte,
manent et me, Turne :	attendent aussi moi, Turnus :
simul	en même temps que toi
relinquam	j'abandonnerai
hæc lumina invisa,	cette lumière odieuse,
nec videbo captiva	et je ne verrai pas captive
Ænean generum. »	Enée être mon gendre. »
Lavinia accepit	Lavinie reçut (entendit)
vocem matris,	la voix de sa mère,
perfusa lacrimis	Lavinie baignée de larmes
genas flagrantes ;	sur ses joues brûlantes ;
cui rubor plurimus	elle à qui une rougeur très-forte
subjecit ignem,	a mis-dessous (fait monter) du feu,
et cucurrit	et a couru
per ora calefacta.	sur son visage enflammé.
Veluti si quis	Comme si quelqu'un
violaverit ebur Indum	avait violé (teint) l'ivoire de-l'Inde
ostro sanguineo ;	avec la pourpre couleur-de-sang ;
aut ubi alba lilia rubent	ou lorsque les blancs lis rougissent
mixta rosa multa :	mêlés d'une rose abondante ;
virgo	la jeune-fille
dabat ore	donnait (présentait) sur son visage
tales colores.	de telles couleurs.
Amor turbat illum,	L'amour trouble celui-là (Turnus),
figitque vultus in virgine ;	et il attache ses regards sur la jeune-fille ;
ardet magis	il est-enflammé davantage
in arma,	pour les armes,
affaturque Amatam paucis:	et il parle à Amate en peu de mots :
« Ne prosequere, quæso,	« N'accompagne pas, je t'en prie,
o mater,	ô ma mère,
ne lacrimis,	n'accompagne pas de larmes,
neve tanto omine	ou (ni) d'un si grand (si triste) présage
me euntem	moi allant
in certamina duri Martis ;	aux combats du dur Mars ;
neque enim mora mortis	et en effet le retard de la mort
libera Turno,	n'est pas libre pour Turnus,
Idmon, refer nuntius	Idmon, rapporte comme messager
tyranno Phrygio	au roi Phrygien
hæc dicta mea	ces paroles miennes
haud placitura :	qui ne lui plairont pas :
quum primum	dès que d'abord (aussitôt que)
Aurora crastina rubebit	l'Aurore de-demain rougira
invecta cœlo	amenée dans le ciel
rotis puniceis,	sur ses roues de-pourpre,
non agat Teucros	qu'il ne conduise pas les Troyens
in Rutulos ;	contre les Rutules,
arma Teucrum et Rutulum	que les armes des Troyens et des Rutules

Et Rutulum : nostro dirimamus sanguine bellum;
Illo quæratur conjux Lavinia campo. »   80
    Hæc ubi dicta dedit, rapidusque in tecta recessit,
Poscit equos, gaudetque tuens ante ora frementes,
Pilumno quos ipsa decus dedit Orithyia,
Qui candore nives anteirent, cursibus auras.
Circumstant properi aurigæ, manibusque lacessunt   85
Pectora plausa cavis, et colla comantia pectunt.
Ipse dehinc auro squalentem alboque orichalco
Circumdat loricam humeris : simul aptat habendo
Ensemque, clypeumque, et rubræ cornua cristæ;
Ensem, quem Dauno ignipotens deus ipse parenti   90
Fecerat, et Stygia candentem tinxerat unda.
Exin, quæ mediis ingenti adnixa columnæ
Ædibus adstabat, validam vi corripit hastam,
Actoris Aurunci spolium, quassatque trementem,
Vociferans : « Nunc, o nunquam frustrata vocatus   95

son sang ou le mien mette fin à la guerre, et que la main de Lavinie soit disputée sur le champ de bataille. »
    Après avoir dit ces paroles, il vole à son palais, demande ses
chevaux et se plaît à voir frémir devant lui ces nobles coursiers,
plus blancs que la neige, plus rapides que les vents, et que Pilumnus
reçut autrefois en présent de la belle Orithye. Autour d'eux s'em-
pressent leurs conducteurs; ils promènent sur leur poitrail une main
caressante et peignent leur flottante crinière. Turnus revêt ses
épaules d'une cuirasse où étincellent et l'or et le blanc orichalque;
en même temps il s'arme de son bouclier, couvre son front d'un
casque orné de deux aigrettes rouges, et ceint son épée, cette épée
que le dieu du feu lui-même avait forgée pour Daunus son père, et
qu'il trempa toute ardente dans les ondes du Styx. Ensuite il déta-
che d'une haute colonne de son palais une énorme javeline, dépouille
d'Actor, du pays des Auronces; il la saisit d'une main vigoureuse, et,
brandissant avec force l'arme frémissante, il s'écrie : « Maintenant, ô
ma javeline, toi qui n'as jamais trompé mes vœux, maintenant le

quiescant :	restent-en-repos :
dirimamus bellum	décidons la guerre
nostro sanguine.	par notre sang.
Lavinia	Que Lavinie
quæratur conjux	soit cherchée (disputée) *pour* épouse
illo campo. »	sur ce champ *de bataille*. »
Ubi dedit	Dès qu'il a donné (prononcé)
hæc dicta,	ces paroles,
rapidusque	et *que* rapide
recessit in tecta,	il s'est retiré dans *son* palais,
poscit equos,	il demande *ses* chevaux,
gaudetque tuens	et il se rejouit en *les* voyant
frementes ante ora,	qui frémissent devant *son* visage,
quos Orithyia ipsa	*ses chevaux* qu'Orithye elle-même
dedit Pilumno decus,	donna à Pilumnus *comme* honneur,
qui anteirent nives	qui surpassaient les neiges
candore,	par *leur* blancheur,
auras cursibus.	les vents par *leur* course (rapidité).
Aurigæ properi	Les conducteurs empressés
circumstant,	se-tiennent-autour *d'eux*,
lacessuntque pectora	et provoquent *leur* poitrail
plausa manibus cavi,	frappé de *leurs* mains creuses,
et pectunt colla comatia.	et peignent *leurs* cous à-crinière.
Ipse dehinc	Lui-même ensuite
circumdat humeris	met-autour-de *ses* épaules
loricam squalentem uro,	*sa* cuirasse couverte d'or,
orichalcoque albo :	et d'orichalque blanc :
simul aptat habendo	en même temps il adapte pour *les* avoir
ensemque, clypeumque,	et *son* épée, et *son* bouclier,
et cornua cristæ rubræ ;	et les cimes de *son* aigrette rouge ;
ensem,	*son* épée,
quem deus ignipotens	que le dieu maître-du-feu
fecerat ipse	avait faite lui-même
Dauno parenti,	pour Daunus père *de Turnus*,
et tinxerat candentem	et avait trempée blanche *de chaleur*
unda Stygia.	dans l'onde du-Styx.
Exin corripit vi	Puis il saisit avec vigueur
hastam validam,	une javeline vigoureuse,
quæ adstabat	qui se tenait
adnixa ingenti columæ	appuyée à une grande colonne
mediis ædibus,	au milieu de l'édifice,
spolium Actoris Aurnci,	dépouille d'Actor l'Auronce,
quassatque trementer,	et *la* secoue tremblante,
vociferans :	en criant :
« *O hasta*	« *O javeline*
nunquam frustrata	qui n'as jamais trompé
meos vocatus,	mon appel,

Hasta meos, nunc tempus adest; te maximus Actor,
Te Turni nunc dextra gerit : da sternere corpus,
Loricamque manu valida lacerare revulsam
Semiviri Phrygis, et fœdare in pulvere crines
Vibratos calido ferro myrrhaque madentes. »   100
His agitur furiis, totoque ardentis ab ore
Scintillæ absistunt; oculis micat acribus ignis :
Mugitus veluti quum prima in prælia taurus
Terrificos ciet, atque irasci in cornua tentat [1],
Arboris obnixus trunco, ventosque lacessit   105
Ictibus, et sparsa ad pugnam proludit arena.
     Nec minus interea maternis sævus in armis
Æneas acuit Martem, et se suscitat ira,
Oblato gaudens componi fœdere bellum.
Tum socios mœstique metum solatur Iuli,   110
Fata docens; regique jubet responsa Latino
Certa referre viros, et pacis dicere leges.
     Postera vix summos spargebat lumine montes
Orta dies, quum primum alto se gurgite tollunt
Solis equi, lucemque elatis naribus efflant :   115

jour est arrivé. La main du grand Actor t'a portée, c'est aujour-
d'hui la main de Turnus qui te porte. Fais que j'abatte ce Phrygien
efféminé, que de ma main puissante je déchire et mette en pièces sa
cuirasse arrachée, que je souille dans la poussière ses cheveux
humides de parfums et qu'un fer chaud a roulés en boucles ondoyantes. » Ainsi Turnus s'abandonne à ses transports. Son visage
ardent étincelle; le feu pétille dans ses yeux enflammés. Tel un tau-
reau superbe, se disposant à un premier combat, pousse de terribles
mugissements, éprouve sa colère et ses cornes contre le tronc d'un
arbre, harcèle les vents de ses coups redoublés, et prélude à la lutte
en faisant voler la poussière.
     Non moins terrible sous l'armure que lui donna sa mère, Énée,
de son côté, aiguillonne son courage, réveille sa fureur, et s'applaudit du moyen proposé pour éteindre la guerre. Il rassure ses compagnons et calme les alarmes d'Iule, en leur rappelant les oracles du
destin ; en même temps il fait porter au roi Latinus sa réponse déci-
sive, avec les conditions du traité.
     Le lendemain, à peine le jour naissant semait ses clartés sur la
cime des montagnes; à peine les chevaux du Soleil, soufflant de leurs
larges naseaux des torrents de lumière, s'élançaient du gouffre pro-

nunc, nunc | maintenant, maintenant

tempus adest ; | le temps est-arrivé ;

maximus Actor te, | le très-grand Actor t'a portee,

nunc dextra Turni te ger : | maintenant la droite de Turnus te porte :

da sternere corpus, | donne-moi d'abattre le corps,

lacerareque manu valid | et de déchirer d'une main vigoureuse

loricam revulsam | la cuirasse arrachée

Phrygis semiviri, | du Phrygien à-demi-homme (efféminé),

et fœdare in pulvere | et de souiller dans la poussière

crines vibratos ferro calio | ses cheveux bouclés avec le fer chaud

madentesque myrrha. » | et humides de myrrhe. »

Agitur his furiis, | Il est poussé par ces transports,

scintillæque absistunt | et des étincelles jaillissent

ab toto ore ardentis ; | de tout le visage de lui ardent ;

ignis micat | le feu pétille

oculis acribus : | dans ses yeux vifs :

veluti quum taurus | comme lorsqu'un taureau

ciet in prima prælia | pousse pour son premier combat

mugitus terrificos, | des mugissements effrayants,

atque tentat | et essaye

irasci in cornua, | de s'irriter avec ses cornes,

obnixus trunco arboris | luttant contre le tronc d'un arbre,

lacessitque ventos ictibs, | et harcèle les vents de ses coups,

et proludit ad pugnam | et prélude au combat

arena sparsa. | par le sable dispersé (en le dispersant).

Nec minus interea | Non moins que lui cependant

sævus | redoutable

in armis maternis | dans (sous) les armes de-sa-mère,

Æneas acuit Martem, | Enée aiguise Mars (s'anime à la lutte),

et se suscitat ira, | et s'excite par sa colère,

gaudens bellum compoi | se réjouissant la guerre être terminée

fœdere oblato. | par le pacte offert.

Tum solatur socios, | Puis il console (rassure) ses compagnons,

metumque Iuli mœsti, | et la crainte d'Iule affligé,

docens fata ; | en leur enseignant les destins ;

jubetque viros | et il ordonne les hommes (les députés)

referre regi Latino | rapporter au roi Latinus

responsa certa, | une réponse certaine,

et dicere leges | et lui dire les lois (conditions)

pacis. | de la paix (du traité).

Dies postera orta | Le jour suivant se levant

spargebat vix lumine | arrosait à peine de lumière

summos montes, | le sommet des monts,

quum primum | alors que d'abord

equi Solis se tollunt | les chevaux du Soleil s'élèvent (sortent)

gurgite alto, | du gouffre profond,

efflantque lucem | et soufflent la lumière

Campum ad certamen, magnæ sub mœnibus urbis,
Dimensi Rutulique viri Teucrique parabant;
In medioque focos, et dis communibus aras
Gramineas; alii fontemque ignemque ferebant,
Velati limo, et verbena tempora vincti.   120
Procedit legio Ausonidum, pilataque plenis
Agmina se fundunt portis : hinc Troius omnis,
Tyrrhenusque ruit variis exercitus armis;
Haud secus instructi ferro, quam si aspera Martis
Pugna vocet : nec non mediis in millibus ipsis   125
Ductores auro volitant ostroque decori,
Et genus Assaraci Mnestheus, et fortis Asylas,
Et Messapus, equum domitor, Neptunia proles.
Utque, dato signo, spatia in sua quisque recessit,
Defigunt tellure hastas, et scuta reclinant.   130
Tum studio effusæ matres, et vulgus inermum,
Invalidique senes turres et tecta domorum

fond des mers; déjà les Troyens et les Rutules, sous les hauts remparts de la ville, mesuraient, disposaient le champ du combat. Au
centre de l'arène on place les foyers sacrés, et l'on érige des autels
de gazon aux dieux communs de Laurente et de Troie. Les prêtres,
vêtus de la robe des victimaires, et le front ceint de verveine, portent l'eau et le feu du sacrifice. Les troupes ausoniennes s'avancent,
et leurs bataillons, hérissés de javelots, se répandent dans la plaine;
de leur côté accourent de leurs retranchements et les Troyens et les
Étrusques, qu'on distingue à leur armure différente : tous marchent
couverts de fer, comme si Mars les appelait à des luttes meurtrières.
A travers cette multitude voltigent les chefs des deux armées, étincelants d'or et de pourpre : c'est Mnesthée, du sang d'Assaracus ; c'est
le vaillant Asylas; c'est le fils de Neptune, Messape, le dompteur de
coursiers. Dès que le signal est donné, chaque armée se replie dans
ses limites ; chacun plante sa lance dans la terre et dépose son bouclier. Pour voir ce grand spectacle, les femmes, le peuple sans

naribus elatis :
de *leurs* naseaux levés :

virique Rutuli
et des guerriers Rutules

Teucrique
et des Troyens

dimensi campum
ayant mesuré un champ

ad certamen,
pour le combat,

sub mœnibus magnæ urbis,
sous les remparts de la grande ville,

parabant ;
le préparaient ;

in medioque focos,
et *ils préparaient* au milieu des foyers,

et aras gramineas
et des autels de-gazon

dis communibus ;
pour *leurs* dieux communs ;

alii ferebant
d'autres apportaient

fontemque ignemque,
et de l'eau et du feu,

velati limo,
voilés d'une robe-à-bande-de-pourpre,

et vincti tempora
et attachés (ceints) autour de *leurs* tempes

verbena.
de verveine.

Legio Ausonidum
La légion (l'armée) des Ausoniens

procedit,
s'avance,

agminaque pilata
et les bataillons armés-de-javelots

se fundunt portis plenis :
se répandent hors des portes pleines :

hinc
d'ici (de l'autre côté)

omnis exercitus Troius,
toute l'armée Troyenne,

Tyrrhenusque ruit
et l'armée Tyrrhénienne se précipite

armis variis ;
avec des armes diverses ;

haud secus instructi ferro,
non autrement armés de fer,

quam si aspera pugna
que si le dur combat

Martis
de Mars

vocet :
les appelait :

nec non ductores
et aussi les chefs

volitant
voltigent

in mediis ipsis millibus
au milieu même des milliers *de guerriers*

decori auro ostroque,
décorés d'or et de pourpre,

et Mnestheus
et Mnesthée

genus Assaraci,
race (sang) d'Assaracus,

et fortis Asylas,
et le brave Asylas,

et Messapus,
et Messape,

domitor equum,
le dompteur de cheveaux,

proles Neptunia.
le rejeton (fils) de-Neptune.

Utque, signo dato,
Et dès que, le signal ayant été donné,

quisque recessit
chacun s'est retiré

in spatia sua,
dans l'espace sien (qui lui est marqué),

defigunt hastas tellure,
ils plantent *leurs* piques en terre,

et reclinant scuta.
et abaissent *leurs* boucliers.

Tum matres
Alors les mères

effusæ
répandues-hors *de leurs demeures*

studio,
par empressement,

et vulgus inermum,
et la foule sans-armes,

senesque invalidi
et les vieillards sans-vigueur

Obsedere; alii portis sublimibus adstant.

At Juno, ex summo qui nunc Albanus ¹ habetur,
Tum neque nomen erat, nec honos aut gloria monti,　　435
Prospiciens tumulo, campum adspectabat, et ambas
Laurentum Troumque acies, urbemque Latini,
Extemplo Turni sic est affata sororem,
Diva deam ², stagnis quæ fluminibusque sonoris
Præsidet; hunc illi rex ætheris altus honorem　　140
Jupiter erepta pro virginitate sacravit :
« Nympha, decus fluviorum, animo gratissima nostro,
Scis ut te cunctis unam, quæcumque Latinæ
Magnanimi Jovis ingratum adscendere cubile,
Prætulerim, cœlique libens in parte locarim :　　145
Disce tuum, ne me incuses, Juturna, dolorem,
Qua visa est fortuna pati, Parcæque sinebant
Cedere res Latio, Turnum et tua mœnia texi;
Nunc juvenem imparibus video concurrere fatis,
Parcarumque dies et vis inimica propinquat.　　150

armes, les faibles vieillards, couvrent les tours et les toits des maisons, ou se tiennent debout sur les hautes portes de la ville.

Cependant Junon, des hauteurs du mont qui aujourd'hui se nomme Albain, et qui était alors sans nom, comme sans lustre et sans gloire, portait ses regards sur la plaine et contemplait les deux armées rivales et la ville de Latinus. Alors la déesse aborde la divine sœur de Turnus, qui préside aux étangs et aux fleuves retentissants. Déesse, elle s'adresse à une déesse : le tout-puissant roi de l'Olympe, Jupiter, pour prix des faveurs de la vierge, l'avait dotée de cet empire sacré. « Nymphe, ornement des fleuves et chère à ma tendresse, lui dit Junon, tu le sais, de toutes les beautés du Latium qui sont entrées dans la couche infidèle du sublime Jupiter, tu es la seule qu'ait distinguée ma bonté, la seule que je me sois plu à placer dans les célestes demeures. Apprends donc ton malheur, ô Juturne, et ne me l'impute pas. Partout où la fortune a paru le souffrir, et tant que les destins ont permis les prospérités du Latium, j'ai protégé Turnus et tes remparts. Je vois maintenant ce jeune guerrier courir à une lutte inégale; son jour fatal approche, la force ennemie des

obsedere turres	ont assiégé (couvrent) les tours
et tecta domorum ;	et les toits des maisons ;
alii adstant	d'autres se-tiennent-debout
portis sublimibus.	sur les portes hautes.
At Juno,	Mais Junon,
prospiciens	regardant-en-avant
ex summo tumulo	du haut de la colline
qui nunc habetur Albanus,	qui maintenant est appelée Albaine
tum neque nomen,	alors ni un nom,
nec honos, aut gloria	ni de l'honneur, ou (ni) de la gloire
erat monti,	n'était à *cette* montagne,
adspectabat campum,	contemplait la plaine,
et ambas acies	et les deux armées
Laurentum Troumque,	des Laurentins et des Troyens,
urbemque Latini.	et la ville de Latinus.
Extemplo affata est sic	Aussitôt elle parla ainsi
sororem Turni	à la sœur de Turnus
diva deam,	déesse *s'adressant* à une *autre* déesse,
quæ præsidet stagnis	qui préside aux étangs
fluminibusque sonoris ;	et aux fleuves retentissants ;
rex altus ætheris	le roi élevé (puissant) de l'éther
Jupiter sacravit illi	Jupiter a consacré (avait donné) à elle
hunc honorem	cet honneur
pro virginitate erepta :	en retour de *sa* virginité ravie :
« Nympha,	« Nymphe,
decus fluviorum,	honneur des fleuves,
gratissima nostro animo,	très-agréable à notre cœur,
scis ut prætulerim te unam	tu sais comme j'ai préféré toi seule
cunctis,	à toutes *les femmes*,
quæcumque Latinæ	toutes celles qui *étant* Latines
adscendere cubile ingratum	ont monté dans le lit ingrat (infidèle)
magnanimi Jovis,	du magnanime Jupiter,
locarimque libens	et *que* je *t'*ai placée de-bon-cœur
in parte cœli :	dans une partie du ciel :
disce tuum dolorem,	apprends ta douleur (ton malheur),
Juturna,	Juturne,
ne me incuses.	ne m'accuse pas.
Qua fortuna	Par où (partout où) la fortune
visa est pati,	a paru souffrir,
Parcæque sinebant	et *où* les Parques permettaient
res cedere Latio,	les affaires réussir au Latium,
texi Turnum et tua mœnia ;	j'ai couvert (protégé) Turnus et tes murs ;
nunc video juvenem	maintenant je vois le jeune-homme
concurrere fatis	lutter avec des destins
imparibus,	inégaux (contraires),
diesque Parcarum	et le jour des Parques
et vis inimica propinquat.	et la force ennemie *du destin* approche.

Non pugnam adspicere hanc oculis, non fœdera possum.
Tu, pro germano si quid præsentius audes,
Perge; decet : fòrsan miseros meliora sequentur. »
Vix ea, quum lacrimas oculis Juturna profudit,
Terque quaterque manu pectus percussit honestum :   155
« Non lacrimis hoc tempus, ait Saturnia Juno :
Accelera, et fratrem, si quis modus, eripe morti ;
Aut tu bella cie, conceptumque excute fœdus.
Auctor ego audendi. » Sic exhortata reliquit
Incertam, et tristi turbatam vulnere mentis.   160
    Interea reges, ingenti mole Latinus
Quadrijugo vehitur curru, cui tempora circum
Aurati bis sex radii fulgentia cingunt,
Solis avi specimen; bigis it Turnus in albis,
Bina manu lato crispans hastilia ferro.   165
Hinc pater Æneas, Romanæ stirpis origo,

destins est près de l'accabler. Je ne puis être présente à ce dernier
combat, voir de mes yeux ce traité funeste. Toi, si l'amour d'un
frère t'inspire de tenter quelque effort utile, pars : c'est ton devoir.
Peut être un sort plus heureux relèvera notre infortune. » A ces
mots un torrent de larmes inonde les yeux de Juturne. Trois ou
quatre fois elle frappe son beau sein. « Ce n'est pas le moment des
pleurs, lui dit la fille de Saturne; hâte-toi, et, s'il est un moyen,
arrache ton frère à la mort; ou bien, rallume la guerre et romps un
pacte odieux. C'est Junon qui te conseille de tout oser. » Elle exhorte
ainsi la nymphe incertaine, et la laisse ensuite à son trouble et à
son inquiétude.

    Cependant on voit s'avancer les deux rois. Latinus, dans un pom-
peux appareil, est porté sur un char attelé de quatre coursiers; autour de ses tempes brille une couronne à douze rayons d'or, symbole
du Soleil son aïeul. Ensuite paraît Turnus, traîné par deux chevaux
blancs, et balançant dans sa main deux javelots armés d'un large
fer. Hors de son camp s'avance à son tour le père, le fondateur de
la race romaine, Énée, resplendissant de l'éclat stellaire de son

Non possum	Je ne puis
adspicere oculis	voir de *mes* yeux
hanc pugnam,	ce combat,
non fœdera.	*je ne puis voir ces* traités.
Tu perge,	Toi va,
si audes pro germano	si tu oses pour *ton* frère
quid præsentius ;	quelque chose de plus efficace ;
decet :	*cela* convient *à toi* :
forsan meliora	peut-être des *chances* meilleures
sequentur miseros. »	suivront (viendront à) *vous* malheureux.
Vix ea,	*Elle avait* à peine *dit* ces *mots*,
quum Juturna	lorsque Juturne
profudit lacrimas oculis,	versa des larmes de *ses* yeux,
percussitque ter quaterque	et frappa trois-fois et quatre-fois
manu	de *sa* main
honestum pectus :	*sa* belle poitrine :
« Hoc tempus	« Ce temps-ci
non lacrimis,	n'*est* pas pour les larmes,
ait Juno Saturnia :	dit Junon fille-de-Saturne :
accelera,	hâte-toi,
et, si quis modus ,	et, s'*il est* quelque manière (moyen),
eripe fratrem morti ;	arrache *ton* frère à la mort ;
aut tu cie bella,	ou bien toi produis (allume) la guerre,
excuteque	et renverse (romps)
fœdus conceptum.	le traité formulé.
Ego auctor	*Je suis ta* conseillère (c'est moi qui te con-
audendi. »	d'oser. » [seille)
Exhortata sic	*L'*ayant exhortée ainsi
reliquit incertam ,	elle quitta *Juturne* incertaine,
et turbatam	et troublée
tristi vulnere mentis.	par la triste blessure de *son* cœur.
Interea reges,	Cependant les rois *s'avancent*,
Latinus vehitur	Latinus est porté
ingenti mole	avec un grand appareil
curru quadrijugo,	sur un char à-quatre-chevaux,
cui bis sex radii aurati	*Latinus* à qui deux-fois six rayons d'or
cingunt circum	ceignent autour
tempora fulgentia,	*ses* tempes éclatantes,
specimen Solis avi ;	image du Soleil *son* aïeul ;
Turnus it	Turnus va (s'avance)
in bigis albis,	sur un attelage-de-deux-chevaux blancs,
crispans manu	agitant dans *sa* main
bina hastilia lato ferro.	deux javelots au large fer.
Hinc	De là (de l'autre côté)
pater Æneas,	le père (auguste) Enée,
origo stirpis Romanæ,	origine (souche) de la race Romaine,
flagrans clypeo	éclatant par *son* bouclier

Sidereo flagrans clypeo et cœlestibus armis,
Et juxta Ascanius, magnæ spes altera Romæ,
Procedunt castris, puraque in veste sacerdos
Setigeræ fetum suis, intonsamque bidentem   470
Attulit, admovitque pecus flagrantibus aris.
Illi, ad surgentem conversi lumina solem,
Dant fruges manibus salsas, et tempora ferro
Summa notant pecudum, paterisque altaria libant.
Tum pius Æneas stricto sic ense precatur :   475
« Esto nunc, sol, testis, et hæc mihi terra vocanti,
Quam propter tantos potui perferre labores,
Et pater omnipotens, et tu, Saturnia Juno,
Jam melior, jam, diva, precor; tuque, inclite Mavors,
Cuncta tuo qui bella, pater, sub numine torques;   480
Fontesque fluviosque voco, quæque ætheris alti
Religio, et quæ cæruleo sunt numina ponto :
Cesserit Ausonio si fors victoria Turno,
Convenit Evandri victos discedere ad urbem;

bouclier et de ses armes divines. A ses côtés est le jeune Ascagne,
autre espoir de la superbe Rome. Le grand prêtre, revêtu d'un lin
sans tache, conduit un jeune porc, une brebis dont le ciseau a
toujours respecté la toison, et les amène au pied des autels embrasés.
Les yeux tournés vers le soleil levant, les rois, d'une main religieuse, présentent la farine et le sel, coupent le poil sur le front des
victimes et versent sur les autels la coupe des libations. Alors Énée,
le glaive nu, fait cette prière : « Soleil, et toi, terre du Latium,
pour qui j'ai pu supporter tant de travaux pénibles, et toi, père
tout-puissant; toi, fille de Saturne, ô Junon, déesse que je conjure
de m'être désormais plus propice; et toi, Mars, qui tiens dans tes
mains le sort des batailles; et vous, fleuves, fontaines; et vous,
divinités qui remplissez le céleste séjour ou les mers azurées, je
vous prends à témoins de mon serment. Si la fortune et la victoire
favorisent Turnus, les vaincus se retireront vers la ville d'Évandre,

sidereo	étincelant-comme-un-astre
et armis cœlestibus,	et par *ses* armes célestes,
et juxta Ascanius,	et près *de lui* Ascagne,
altera spes magnæ Romæ,	*cet* autre espoir de la grande Rome,
procedunt castris,	s'avancent-hors du camp,
sacerdosque in veste pura	et le prêtre dans un habit pur (blanc)
attulit fetum	a apporté le petit
suis setigeræ,	d'une truie qui-porte-des-soies,
bidentemque intonsam,	et une brebis-de-deux-ans non-tondue,
admovitque pecus	et a approché le troupeau (les victimes)
aris flagrantibus.	des autels embrasés.
Illi,	Ceux-ci (les rois),
conversi lumina	tournés quant à *leurs* yeux
ad solem surgentem,	vers le soleil levant,
dant manibus	donnent de *leurs* mains
fruges salsas,	des grains salés (la farine et le sel),
et notant ferro	et marquent avec le fer
summa tempora pecudum,	le sommet des tempes des bêtes,
libantque altaria	et arrosent-par-des-libations les autels
pateris.	avec des coupes.
Tum pius Æneas	Alors le pieux Énée
precatur sic,	prie ainsi,
ense stricto :	l'épée serrée (tirée) :
« Esto nunc testis	« Sois maintenant témoin
mihi vocanti, sol,	à moi qui *t*'appelle, soleil,
et hæc terra,	et (ainsi que) cette terre,
propter quam potui	à cause de laquelle j'ai pu
perferre	supporter-jusqu'au-bout
tantos labores,	de si grands travaux,
et pater omnipotens,	et *toi* père tout-puissant *des dieux*,
et tu, Juno Saturnia,	et toi, Junon fille-de-Saturne,
jam melior,	dès à présent meilleure (plus favorable),
jam, diva, precor;	dès à présent, déesse, je *t'en* prie;
tuque, inclite Mavors;	et toi, glorieux Mars,
qui, pater,	*toi* qui, ô père (auguste dieu),
torques cuncta bella	fais-tourner (diriges) toutes les guerres
sub tuo numine;	sous ta puissance-divine ;
voco fontesque	j'invoque et les fontaines
fluviosque,	et les fleuves,
quæque religio	tout ce qui *est* objet-sacré (tous les dieux)
ætheris alti;	de l'éther élevé,
et numina quæ sunt	et les divinités qui sont
ponto cæruleo :	dans la mer azurée :
si fors victoria	si par hasard la victoire
cesserit Turno Ausonio,	a cédé (échoit) à Turnus l'Ausonien,
convenit victos	il est-convenu les vaincus
discedere ad urbem	se retirer vers la ville

Cedet Iulus agris, nec post arma ulla rebelles   185
Æneadæ referent, ferrove hæc regna lacessent.
Sin nostrum annuerit nobis victoria Martem,
Ut potius reor, et potius di numine firment!
Non ego nec Teucris Italos parere jubebo,
Nec mihi regna peto; paribus se legibus ambæ   190
Invictæ gentes æterna in fœdera mittant.
Sacra deosque dabo; socer arma Latinus habeto;
Imperium solenne socer : mihi mœnia Teucri
Constituent, urbique dabit Lavinia nomen. »

    Sic prior Æneas; sequitur sic deinde Latinus,   195
Suspiciens cœlum, tenditque ad sidera dextram :
« Hæc eadem, Ænea, terram, mare, sidera, juro,
Latonæque genus duplex, Janumque bifrontem,
Vimque deum infernam, et duri sacraria Ditis.

Iule abandonnera les campagnes latines, et jamais dans la suite les Troyens parjures, reprenant leurs armes, ne viendront le fer à la main troubler la paix de cet empire. Mais si Mars et la Victoire se déclarent pour nous, (et c'est là mon espoir; dieux, puissiez-vous le confirmer!) je ne prétends pas asservir l'Italie aux Troyens, je ne réclame pas pour moi l'empire. Que les deux peuples, soumis aux mêmes lois et tous deux invaincus, vivent unis par une éternelle alliance. J'établirai dans le Latium nos dieux et notre culte; devenu mon beau-père, Latinus gardera et ses armes et le pouvoir souverain. Les Troyens bâtiront pour moi des remparts, et Lavinie donnera son nom à la ville nouvelle. »

    Énée parle ainsi le premier. Latinus, les yeux au ciel et la main étendue vers la voûte étoilée, s'exprime à son tour en ces termes : « J'atteste comme vous, Énée, cette même terre, la mer, les astres, les deux enfants de Latone, Janus au double front, la puissance des divinités infernales et le sanctuaire de l'impitoyable Pluton. Puisse

Evandri ;
Iulus cedet agris,
nec Æneadæ
referent post
ulla arma
rebelles,
lacessentve ferro
hæc regna.
Sin victoria
annuerit nobis
Martem nostrum,
ut reor potius,
et di firment potius
numine !
non ego
nec jubebo Italos
parere Teucris,
nec peto
regna mihi ;
ambæ gentes invictæ
se mittant
iu fœdera æterna
legibus paribus.
Dabo sacra
deosque ;
Latinus socer
habeto arma ;
socer
imperium solenne :
Teucri
constituent mihi mœnia,
Laviniaque
dabit nomen urbi. »
    Æneas prior sic ;
Latinus deinde
sequitur sic,
suspiciens cœlum,
tenditque dextram
ad sidera :
« Juro hæc eadem, Ænea,
terram, mare, sidera,
duplexque genus
Latonæ,
Janumque bifrontem,
vimque infernam deum,
et sacraria duri Ditis.
Genítor,

d'Évandre ;
Iule sortira de ces campagnes,
et les compagnons-d'Énée
ne rapporteront dans-la-suite
aucunes armes ici
en se montrant rebelles,
ou (et) n'attaqueront pas par le fr
ce royaume.
Si au contraire la victoire
accorde à nous
Mars (le succès du combat) être ôtre,
comme je le crois plutôt,
et que les dieux le confirment plutôt
par leur puissance-divine !
non assurément moi
et je n'ordonnerai pas les Italies
obéir aux Troyens,
et je ne demande pas
la royauté pour moi ;
que les deux nations invaincues
s'envoient (se réunissent)
en une alliance éternelle
avec des lois (conditions) égales
Je vous donnerai notre culte
et nos dieux ;
que Latinus mon beau-père
aie (garde) ses armes ;
que mon beau-père
garde son pouvoir accoutumé :
les Troyens
établiront à moi des murs,
et Lavinie
donnera son nom à la ville. »
    Énée le premier parle ainsi ;
Latinus ensuite
suit (parle à son tour) ainsi,
regardant-en-haut le ciel,
et tend sa droite
vers les astres :
« Je jure ces mêmes objets, Éné,
la terre, la mer, les astres,
et la double race (les deux enfats)
de Latone,
et Janus aux-deux-fronts,
et la puissance à-l'enfer des diex,
et le sanctuaire du dur Pluton.
Que le père des dieux,

Audiat hæc genitor, qui fœdera fulmine sancit;   200
Tango aras; medios ignes et numina testor :
Nulla dies pacem hanc Italis nec fœdera rumpet,
Quo res cumque cadent; nec me vis ulla volentem
Avertet; non, si tellurem effundat in undas
Diluvio miscens, cœlumque in Tartara solvat :   205
Ut sceptrum hoc, dextra sceptrum nam forte gerebat,
Nunquam fronde levi fundet virgulta neque umbras,
Quum semel in silvis imo de stirpe recisum
Matre caret, posuitque comas et brachia ferro;
Olim arbos; nunc artificis manus ære decoro   210
Inclusit, patribusque dedit gestare Latinis [1]. »

    Talibus inter se firmabant fœdera dictis,
Conspectu in medio procerum : tum rite sacratas
In flammam jugulant pecudes, et viscera vivis
Eripiunt, cumulantque oneratis lancibus aras.   215

m'entendre Jupiter, Jupiter dont la foudre sanctionne les traités !
J'atteste ces autels que je touche, ces feux sacrés et tous les dieux
du ciel : jamais, quoi qu'il arrive, on ne verra les Latins rompre
cette paix et cette alliance. Nulle puissance ne me forcera d'y re-
noncer, non, dût la terre, par un affreux déluge, disparaître sous
les eaux, et l'Olympe écroulé s'abîmer au fond du Tartare! Ainsi ce
sceptre, car il avait alors son sceptre à la main, ne verra plus renaître ni son feuillage léger, ni ses rameaux, ni son ombrage, depuis que, arraché dans le bois au tronc qui le portait, il est séparé
de la souche maternelle et dépouillé par le fer de ses branches et de
sa chevelure : jadis verdoyant arbrisseau, un art industrieux l'a
revêtu d'un brillant cercle d'airain, et il est dans ma main le symbole du pouvoir suprême des rois du Latium. »

    C'est ainsi que par des serments réciproques ils confirmaient le
traité en présence des chefs qui les entouraient. Alors on égorge,
suivant les rites, les victimes consacrées que va dévorer la flamme.
On arrache leurs entrailles palpitantes, et l'on en remplit les bassins
dont on couvre les autels.

qui sancit fœdera fulmine,	qui sanctionne les traités avec s foudre,
audiat hæc ;	entende ces *paroles;*
tango aras ;	je touche les autels ;
testor ignes medios	j'atteste les feux *placés ici* au-milieu
et numina :	et les divinités :
nulla dies	aucun jour
rumpet hanc pacem Italis	ne rompra cette paix aux Italies
nec fœdera,	ni *ce* traité, [qu'il rrive);
quocumque res cadent;	n'importe-où les choses tomberot (quoi
nec ulla vis avertet	et aucune force n'*en* écartera
me volentem ;	moi *le* voulant (de mon gré) ;
non, si	non, si (quand même) *cette forc*
effundat tellurem	venait à répandre la terre
in undas	dans les eaux (les eaux sur la trre)
miscens diluvio,	bouleversant *l'univers* par un déuge ,
solvatque cœlum	et détachait (précipitait) le ciel
in Tartara :	dans le Tartare :
ut hoc sceptrum,	de même que ce sceptre ,
nam forte	car par hasard
gerebat sceptrum dextra,	il portait *son* sceptre dans *sa* drte ,
numquam fundet	jamais ne répandra (donnera)
virgulta	de rejetons
neque umbras	ni d'ombres
fronde levi,	d'un feuillage léger,
quum semel in silvis	quand (depuis que) une-fois dans le forêts
recisum de stirpe imo	coupé de *sa* tige la plus basse
caret matre,	il manque (est séparé) de *sa* mèe,
posuitque	et a déposé (perdu)
comas et brachia	*sa* chevelure et *ses* bras
ferro ;	par le fer ;
arbes olim ;	*il était* arbre autrefois ;
nunc manus artificis	maintenant la main de l'ouvrier
inclusit ære decoro,	*l'*a enfermé dans un airain brillnt,
deditque gestare	et *l'*a donné à porter
patribus Latinis. »	aux pères (rois) Latíns. »
Firmabant fœdera	Ils confirmaient les traités
inter se	entre eux
talibus dictis,	par de telles paroles,
in medio conspectu	au milieu de la vue (en présenc)
procerum :	des chefs :
tum jugulant	alors ils égorgent
in flammam	pour la flamme (pour les brûler
pecudes sacratas rite,	les victimes consacrées selon-les-ites,
et eripiunt viscera	et arrachent les entrailles
vivis,	à *elles encore* vivantes,
cumulantque aras	et comblent (couvrent) les autel.
lancibus oneratis.	de plats chargés.

At vero Rutulis impar ea pugna videri
Jam dudum, et vario misceri pectora motu :
Tum magis, ut propius cernunt, non viribus æquis.
Adjuvat incessu tacito progressus, et aram
Suppliciter venerans demisso lumine Turnus,   220
Tabentesque genæ, et juvenili in corpore pallor ;
Quem simul ac Juturna soror crebrescere vidit
Sermonem, et vulgi variare labantia corda,
In medias acies, formam assimilata Camerti,
Cui genus a proavis ingens, clarumque paternæ   225
Nomen erat virtutis, et ipse acerrimus armis,
In medias dat sese acies, haud nescia rerum,
Rumoresque serit varios, ac talia fatur :
« Non pudet, o Rutuli, pro cunctis talibus unam
Objectare animam? numerone, an viribus æqui   230
Non sumus? En omnes et Troes et Arcades hi sunt,
Fatalesque manus, infensa Etruria Turno :
Vix hostem, alterni si congrediamur, habemus.

Cependant les Rutules redoutent depuis longtemps déjà ce combat
inégal, et leurs cœurs sont agités de mouvements divers : plus ils
observent les deux rivaux, plus ils remarquent la disparité des forces.
Leur crainte s'accroît encore à l'aspect de Turnus, quand ils le
voient s'avancer d'un pas silencieux, s'incliner en suppliant au
pied des autels qu'il implore ; quand ils voient ses yeux baissés,
ses joues flétries et la pâleur répandue sur ce front de jeune homme.
Sitôt que Juturne, sa sœur, s'aperçoit du redoublement des murmures, de l'incertitude et de la défiance de la multitude, elle se
glisse au milieu des rangs sous les traits de Camerte, guerrier issu
d'une noble race, illustre par les exploits de son père, et lui-même
d'une insigne valeur. Instruite de la disposition des soldats, elle se
mêle parmi eux et sème dans l'armée mille adroites rumeurs. « N'a-
vez-vous point de honte, ô Rutules, dit-elle, de souffrir qu'un seul
homme expose ici sa vie pour vous tous? Sommes-nous moins
nombreux, sommes-nous moins vaillants que nos ennemis? Les
voilà tous, ces Troyens, ces Arcadiens et ces fatales troupes étrusques acharnées contre Turnus. Si nous en venions aux mains, à
peine chacun de nous aurait un adversaire à combattre. Ah! sans

At vero jam dudum
ea pugna videri impar
Rutulis,
et pectora misceri
motu vario :
tum magis,
ut cernunt propius,
viribus non æquis.
Turnus adjuvat
progressus incessu tacito,
et venerans aram
suppliciter
lumine demisso,
genæque tabentes,
et pallor in corpore
juvenili.
Simul ac Juturna soror
vidit quem sermonem
crebrescere,
et corda labantia vulgi
variare,
sese dat
in medias acies,
assimilata
faciem Camerti,
cui genus erat ingens
a proavis,
nomenque virtutis paternæ
clarum,
et ipse acerrimus armis,
in medias acies,
haud nescia rerum,
seritque rumores varios,
ac fatur talia :
« Non pudet, o Rutuli,
objectare unam animam
pro cunctis talibus ?
numerone, an viribus
non sumus æqui ?
En hi sunt
et omnes Troes et Arcades,
manusque fatales,
Etruria infensa Turno :
si congrediamur
alterni,
habemus vix
hostem.

Mais depuis longtemps
ce combat *a commencé à* paraître inégl
aux Rutules,
et *leurs* cœurs *à* être remués
par des mouvements divers :
alors davantage,
comme ils *les* voient de plus près,
avec des forces non égales.
Turnus aide (augmente) *ces émotions*
s'étant avancé d'une démarche silencieuse,
et vénérant l'autel
en-suppliant
l'œil baissé,
et *ses* joues flétries,
et la pâleur sur *son* corps
de-jeune-homme.
Dès que Juturne *sa* sœur
vit ce bruit (ces réflexions)
devenir-fréquent (se répandre),
et les cœurs chancelants de la foule
varier (changer),
elle se donne (se présente)
au milieu des bataillons,
devenue-ressemblante
au visage de Camerte,
à qui la race était grande
du côté de *ses* aïeux,
et le nom de la valeur de-*son*-père
illustre,
et lui-même *était* très-brave par les arms,
elle se présente au milieu des bataillos,
non ignorante des choses,
et sème des rumeurs diverses,
et dit de telles *paroles* :
« N'est-il-pas-honte *à vous*, ô Rutules,
d'exposer une seule vie
pour *vous* tous *qui êtes* tels (si vaillant) ?
est-ce par le nombre, ou par les fores
que nous ne sommes pas-égaux ?
Voilà (voyez) ceux-ci (ici) sont
et tous les Troyens et *tous* les Arcadies,
et *ces* troupes fatales,
l'Étrurie hostile à Turnus :
si nous en-venions-aux-mains
l'un-après-l'autre,
nous avons (aurions) à peine
chacun un ennemi.

Ille quidem ad superos, quorum se devovet aris,
Succedet fama, vivusque per ora feretur ;   235
Nos, patria amissa, dominis parere superbis
Cogemur, qui nunc lenti consedimus arvis. »
Talibus incensa est juvenum sententia dictis
Jam magis atque magis, serpitque per agmina murmur :
Ipsi Laurentes mutati, ipsique Latini.   240
Qui sibi jam requiem pugnæ rebusque salutem
Sperabant, nunc arma volunt, fœdusque precantur
Infectum, et Turni sortem miserantur iniquam.

  His aliud majus Juturna adjungit, et alto
Dat signum cœlo, quo non præsentius ullum   245
Turbavit mentes Italas monstroque fefellit.
Namque volans rubra fulvus Jovis ales in æthra
Littoreas agitabat aves, turbamque sonantem
Agminis aligeri ; subito quum lapsus ad undas
Cycnum excellentem pedibus rapit improbus uncis.   250
Arrexere animos Itali, cunctæque volucres

doute les dieux élèveront jusqu'au ciel la gloire de ce héros qui,
devant leurs autels, se dévoue pour son peuple, et son nom immortel volera de bouche en bouche; mais nous, désormais sans patrie,
nous serons forcés d'obéir à des maîtres superbes, nous qui maintenant restons spectateurs immobiles dans nos plaines envahies. » Le
cœur des jeunes guerriers s'enflamme de plus en plus à ces discours,
et de rang en rang circule un long murmure. Les sentiments ont
changé. Les Laurentins et les Latins, qui tout à l'heure n'aspiraient
qu'au repos et ne voyaient de salut que dans la fin des combats,
maintenant ne respirent que les armes, demandent la rupture du
traité et plaignent le triste sort de Turnus.

  A ce moyen, Juturne ajoute un ressort plus puissant : elle fait
paraître au haut des airs un prodige décevant qui achève de porter
le trouble dans les esprits des Italiens et les égare par son prestige.
L'ardent oiseau de Jupiter, volant dans l'éther embrasé, pourchas-
sait les oiseaux du rivage et pressait leur essaim aux bruyantes
ailes. Tout à coup, s'abattant sur l'onde, le ravisseur enlève dans
ses serres tranchantes un cygne d'une éclatante beauté. A cette

Ille quidem
succedet fama
ad superos,
aris quorum se devovet,
vivusque
feretur
per ora;
nos, patria amissa,
cogemur parere
dominis superbis,
qui nunc lenti
consedimus
arvis. »
Sententia juvenum
est incensa talibus dictis
jam magis atque magis,
murmurque serpit
per agmina :
Laurentes ipsi mutati,
Latinique ipsi.
Qui sperabant jam sibi
requiem pugnæ
salutemque rebus,
nunc volunt arma,
precanturque
fœdus infectum,
et miserantur
sortem iniquam Turni.
    Juturna adjungit his
aliud majus,
et dat signum cœlo alto,
quo non ullum
præsentius
turbavit mentes Italas
fefellitque monstro.
Namque ales fulvus Jovis
volans in æthra rubra
agitabat aves littoreas,
turbamque sonantem
agminis aligeri;
quum subito
lapsus ad undas
improbus
rapit pedibus uncis
cycnum excellentem.
Itali arrexere animos,
cunctæque volucres

Lui (Turnus) à la vérité
s'élèvera par *sa* renommée
jusqu'aux *dieux* d'en-haut,
aux autels desquels il se dévoue,
et vivant (immortel)
sera porté   [mortls);
par les bouches (cité sans cesse pr les
nous, *notre* patrie étant perdue,
nous serons forcés d'obéir
à des maîtres superbes,
nous qui à présent inactifs
sommes-assis
dans les champs (la plaine). »
Le sentiment des guerriers
fut enflammé par de telles paroles
déjà davantage et davantage *encore*
et un murmure se glisse (circule)
à travers les bataillons :
les Laurentins eux-mêmes *sont* chagés,
et *aussi* les Latins eux-mêmes.
Eux qui espéraient désormais poureux
le repos (la fin) du combat
et le salut pour *leurs* affaires (l'Éta),
maintenant veulent les armes,
et demandent-avec-prière
le traité *être* non-fait (ne pas s'acheer),
et prennent-en-pitié
le sort injuste de Turnus.
    Juturne ajoute à ces *mouvements*
une autre chose plus grande,
et donne un signal dans le ciel élev,
en comparaison duquel nul autre
plus efficace
ne troubla les esprits des-Italiens
et ne *les* trompa par un prodige.
Car l'oiseau fauve de Jupiter
volant dans l'air rouge
poursuivait les oiseaux du-rivage,
et la troupe retentissante
du bataillon qui-porte-des-ailes;
quant tout à coup
glissant vers les ondes
terrible
il enlève dans ses serres crochues
un cygne magnifique.
Les Italiens dressèrent *leurs* esprits,
et tous les oiseaux

Convertunt clamore fugam , mirabile visu!
Ætheraque obscurant pennis, hostemque per auras
Facta nube premunt; donec vi victus et ipso
Pondere defecit, prædamque ex unguibus ales   255
Projecit fluvio, penitusque in nubila fugit.
Tum vero augurium Rutuli clamore salutant,
Expediuntque manus; primusque Tolumnius augur :
« Hoc erat, hoc votis , inquit, quod sæpe petivi;
Accipio, agnoscoque deos. Me , me duce, ferrum   260
Corripite, o miseri, quos improbus advena bello
Territat, invalidas ut aves, et littora vestra
Vi populat : petet ille fugam, penitusque profundo
Vela dabit : vos unanimi densate catervas ,
Et regem vobis pugna defendite raptum. »   265
    Dixit , et adversos telum contorsit in hostes
Procurrens : sonitum dat stridula cornus, et auras
Certa secat : simul hoc, simul ingens clamor, et omnes

vue, les Latins redoublent d'attention. Soudain, ô prodige! tous les
oiseaux se rallient à grands cris, obscurcissent les cieux de leurs
ailes, et rassemblés en épaisse nuée, ils poursuivent leur ennemi à
travers les airs, jusqu'à ce que, vaincu par le nombre, lassé et suc-
combant sous le fardeau qu'il porte , il laisse tomber de ses ongles sa
proie dans le fleuve, et va se perdre dans la profondeur des nues. Alors
les Rutules saluent de leurs acclamations ce présage et ressaisissent
leurs armes. L'augure Tolumnius les encourage le premier : « Oui,
le voilà, s'écrie-t-il, le voilà cet augure que mes vœux ont si sou-
vent imploré! Je l'accepte ; j'y reconnais les dieux. Suivez-moi,
armez-vous à mon exemple, malheureux Rutules qu'un insolent
étranger épouvante comme de faibles oiseaux, en portant la guerre
et la dévastation sur vos rivages ! A son tour, il va prendre la fuite
et déployer toutes ses voiles sur les mers profondes. Vous, d'un
même cœur, serrez vos bataillons et défendez, le fer à la main, votre
roi, qu'on veut vous ravir !»
    Il dit; et, se portant en avant, il fait voler une flèche dans les rangs
opposés. Le trait, lancé d'une main sûre, fend les airs en sifflant.
Soudain un grand cri s'élève; tous les bataillons s'ébranlent, et le

convertunt fugam	retournent *leur* fuite (reviennent)
clamore,	avec des cris,
mirabile visu !	*prodige* étonnant à être vu !
obscurantque æthera	et obscurcissent l'éther
pennis,	de *leurs* ailes,
premuntque hostem	et pressent *leur* ennemi
per auras	à travers les airs
nube facta ;	un nuage étant fait (ramassés en nuage) ;
donec victus vi	jusqu'à ce que vaincu par la force
et pondere ipso,	et par le poids même *du cygne qu'il a pris*,
ales defecit,	l'oiseau (l'aigle) s'est lassé,
projecitque prædam	et a laissé-tomber *sa* proie
ex unguibus fluvio,	de *ses* serres dans le fleuve,
fugitque penitus in nubila.	et a fui profondément dans les nuages.
Tum vero Rutuli	Mais alors les Rutules
salutant augurium	saluent le présage
clamore,	avec des cris,
expediuntque manus ;	et dégagent *leurs* mains *pour prendre les*
augurque Tolumnius	et l'augure Tolumnius [*armes ;*
primus :	le premier :
« Hoc erat, hoc, inquit,	« C'était là, c'*était là*, dit-il,
quod sæpe petivi votis ;	ce que souvent j'ai demandé de *mes* vœux ;
accipio, agnoscoque deos.	je reçois, et je reconnais les dieux.
Me, me duce,	Moi, moi *étant* chef (vous y engageant),
corripite ferrum, o miseri,	saisissez le fer, ô malheureux,
quos improbus advena	*vous* que l'odieux étranger
territat bello,	épouvante par la guerre,
ut aves invalidas,	comme des oiseaux sans-force,
et populat vi	et il dévaste par la violence
vestra littora ;	vos rivages ;
ille petet fugam,	il prendra la fuite,
dabitque vela	et donnera (déploiera) *ses* voiles
penitus profundo :	au loin sur la *mer* profonde :
vos unanimi	vous d'un-même-cœur
densate catervas,	serrez *vos* bataillons,
et defendite pugna	et défendez par le combat
regem raptum vobis. »	le roi ravi (qu'on veut ravir) à vous. »
Dixit,	Il dit,
et procurrens	et courant-en-avant
contorsit telum	il lança un trait
in hostes adversos :	contre les ennemis *placés* en-face :
cornus stridula	la corne sifflante
dat sonitum,	donne (fait entendre) un bruit,
et certa	et assurée
secat auras :	*fend les airs :*
simul hoc,	en même temps ceci *se fait*,
simul ingens clamor,	en même temps un **grand** cri *s'élève*,

2.

Turbati cunei, calefactaque corda tumultu.
Hasta volans, ut forte novem pulcherrima fratrum   270
Corpora constiterant contra, quos fida crearat
Una tot Arcadio conjux Tyrrhena Gylippo :
Horum unum ad medium, teritur qua sutilis alvo
Balteus, et laterum juncturas fibula mordet,
Egregium forma juvenem et fulgentibus armis,   275
Transadigit costas, fulvaque effundit arena.
At fratres, animosa phalanx, accensaque luctu,
Pars gladios stringunt manibus, pars missile ferrum
Corripiunt, cæcique ruunt : quos agmina contra
Procurrunt Laurentum ; hinc densi rursus inundant   280
Troes Agyllinique, et pictis Arcades armis.
Sic omnes amor unus habet decernere ferro :
Diripuere aras; it toto turbida cœlo
Tempestas telorum, ac ferreus ingruit imber;
Craterasque focosque ferunt. Fugit ipse Latinus,   285
Pulsatos referens infecto fœdere divos.

tumulte échauffe les courages. Le dard dirige son vol dans un groupe
formé de neuf frères, tous d'une éclatante beauté, tous fils de l'Arcadien Gylippe et d'une Tyrrhénienne, son épouse fidèle. L'un d'eux
est atteint au milieu du corps, à l'endroit où l'agrafe mordante réu-
nit les deux extrémités du baudrier. Le beau jeune homme, si brillant sous les armes, a les flancs traversés et tombe étendu sur l'a-
rène. Ses frères, courageuse phalange que la douleur transporte,
saisissent, les uns leurs épées, les autres leurs javelots, et se précipitent tête baissée sur l'ennemi. Les bataillons des Laurentins courent à leur rencontre; alors débordent à flots épais les Troyens, les
Étrusques, les Arcadiens aux armes peintes. Tous brûlent d'une
égale ardeur de combat. On renverse les autels; un affreux nuage
de traits obscurcit le ciel et retombe en pluie de fer. On enlève les
feux sacrés, les coupes des sacrifices. Latinus lui-même s'enfuit, em-
portant ses dieux, outragés par la rupture du traité. Ceux-ci attellent

et omnes cunei turbati, / et tous les bataillons *sont* troubls,
cordaque calefacta tumultu. / et les cœurs échauffés par le tumlte.
Hasta volans, / La javeline volant,
ut forte / vu que par hasard
novem corpora pulcherrima / neuf corps très-heaux
fratrum / de frères
constiterant contra, / s'étaient placés vis-à-vis,
quos fida conjux Tyrrhena / qu'une fidèle épouse Tyrrhéniene
crearat / avait mis-au-monde
una tot / seule de si-nombreux *enfants*
Gylippo Arcadio : / à Gylippe l'Arcadien :
transadigit costas / *la javeline* perce aux côtes
unum horum / un de ces *neuf frères*
ad medium, / vers le milieu du *corps,*
qua balteus sutilis / là où le baudrier cousu
teritur alvo, / est frotté par le ventre,
et fibula mordet / et *où* l'agrafe mord (retient)
juncturas laterum, / les assemblages des côtés,
juvenem egregium forma / jeune-homme remarquable par *sa* beauté
et armis fulgentibus, / et par *ses* armes éclatantes,
extenditque arena fulva. / et *l*'étend sur l'arène jaune.
At fratres, / Mais *ses* frères,
phalanx animosa, / phalange courageuse,
accensaque luctu, / et enflammée de douleur,
pars stringunt gladios / en partie serrent (tirent) *leurs* glaves
manibus, / avec *leurs* mains,
pars corripiunt / en partie saisissent
ferrum missile, / le fer qui-peut-se-lancer,
ruuntque cæci : / et se précipitent aveugles (en avegles) :
contra quos / contre eux
agmina Laurentum / les bataillons des Laurentins
procurrunt : / courent-en-avant ;
hinc Troes densi / d'ici (alors) les Troyens serrés
inundant rursus, / débordent (se répandent) de nouvau,
Agyllinique, / et ceux-d'Agylla,
et Arcades armis pictis. / et les Arcadiens aux armes peints.
Sic unus amor habet omnes / Ainsi un seul désir possède tous
decernere ferro : / de décider *la querelle* avec le fer :
diripuere aras ; / ils ont renversé les autels ;
tempestas turbida telorum / une tempête violente de traits
it toto cœlo, / va (s'élance) dans tout le ciel,
ac imber ferreus ingruit ; / et une pluie de-fer tombe ;
ferunt craterasque / on emporte et les cratères
focosque. / et les foyers.
Latinus ipse fugit, / Latinus lui-même *s'enfuit,*
referens divos pulsatos, / remportant *ses* dieux repoussés,
fœdere infecto. / le traité *étant* non-achevé.

Infrenant alii currus, aut corpora saltu
Subjiciunt in equos, et strictis ensibus adsunt.

Messapus regem, regisque insigne gerentem,
Tyrrhenum Aulesten, avidus confundere fœdus,   290
Adverso proterret equo : ruit ille recedens,
Et miser oppositis a tergo involvitur aris
In caput inque humeros. At fervidus advolat hasta
Messapus, teloque orantem multa trabali
Desuper altus equo graviter ferit, atque ita fatur :   295
« Hoc habet; hæc melior magnis data victima divis. »
Concurrunt Itali, spoliantque calentia membra.
Obvius ambustum torrem Corynæus ab ara
Corripit, et venienti Ebuso plagamque ferenti
Occupat os flammis : olli ingens barba reluxit,   300
Nidoremque ambusta dedit; super ipse secutus
Cæsariem læva turbati corripit hostis,

leur char, ceux-là d'un bond s'élancent sur leurs coursiers et tirent leurs épées pour le combat.

Messape, impatient de rompre le traité, pousse son cheval sur Auleste, roi des Tyrrhéniens, ceint du bandeau royal. L'infortuné recule précipitamment, tombe et roule à la renverse, la tête et les épaules contre les autels placés derrière lui. Le bouillant Messape accourt armé d'un javelot, et, sourd aux prières d'Auleste, du haut de son cheval il le frappe de son énorme lance, en s'écriant : « Qu'il meure ! cette noble victime sera plus agréable aux dieux immortels. » Les Latins accourent et dépouillent le cadavre encore palpitant. Corynée enlève de l'autel un tison embrasé, et, prévenant Ébusus qui s'apprête à le frapper, il lui porte la flamme au visage ; le feu prend à la longue barbe du Rutule, et l'odeur qui s'en exhale se répand au loin. Le Troyen fond aussitôt sur son ennemi troublé, de la main gauche saisit sa chevelure, le presse avec force d'un

Alii infrenant	D'autres mettent-le-frein
currus,	aux chars (aux chevaux),
aut saltu	ou d'un saut
subjiciunt corpora in equos,	lancent *leurs* corps sur *leurs* chevaux,
et adsunt ensibus strictis.	et arrivent les épées tirées.
Messapus,	Messape,
avidus confundere fœdus,	avide de troubler (rompre) le traité,
proterret	effraye-en-s'avançant
equo adverso	avec *son* cheval *poussé* en-face
Tyrrhenum Aulesten,	le Tyrrhénien Auleste,
regem,	roi,
gerentemque insigne regis :	et qui portait l'insigne d'un roi :
ille ruit recedens,	celui-ci se précipite en reculant,
et miser	et malheureux
involvitur in caput	roule sur la tête
inque humeros	et sur les épaules
aris	sur les autels (débris d'autels)
oppositis	placés-sur-*son*-passage
a tergo.	par derrière.
At fervidus Messapus	Mais le bouillant Messape
advolat hasta,	accourt avec une javeline,
altusque equo	et élevé sur *son* cheval
ferit desuper graviter	il frappe d'en haut avec-force
telo trabali	d'un trait gros-comme-une-poutre
orantem	*lui* qui-disait-en-priant
multa,	beaucoup de choses,
atque fatur ita :	et parle ainsi :
« Habet hoc ;	« Il a ceci (il a reçu le coup) ;
hæc victima melior data	cette victime meilleure *a été* donnée
magnis divis. »	aux grands dieux. »
Itali concurrunt,	Les Italiens accourent,
spoliantque	et dépouillent
membra calentia.	*ses* membres tièdes.
Corynæus obvius	Corynée sur-le-passage *d'Ébusus*
corripit ab ara	saisit de l'autel
torrem ambustum,	un tison brûlé-tout-autour,
et occupat os	et prévient-en-atteignant le visage
flammis	avec les flammes
Ebuso venienti	à Ébusus qui venait
ferentique plagam :	et qui *lui* portait un coup :
ingens barba reluxit olli,	*sa* grande barbe brilla à lui,
ambustaque	et brûlée-tout-autour
dedit nidorem ;	donna (répandit) une odeur ;
ipse	lui-même (Corynée)
secutus super	suivant (survenant) *de plus*
corripit læva	saisit de la gauche
cæsariem hostis turbati,	la chevelure de *son* ennemi troublé,

Impressoque genu nitens, terræ applicat ipsum;
Sic rigido latus ense ferit. Podalirius Alsum
Pastorem, primaque acie per tela ruentem,   305
Ense sequens nudo superimminet : ille securi
Adversi frontem mediam mentumque reducta
Disjicit, et sparso late rigat arma cruore.
Olli dura quies oculos et ferreus urget'
Somnûs; in æternam clauduntur lumina noctem.   310
   At pius Æneas dextram tendebat inermem,
Nudato capite, atque suos clamore vocabat.
« Quo ruitis? quæve ista repens discordia surgit?
O cohibete iras! ictum jam fœdus et omnes
Compositæ leges; mihi jus concurrere soli;   315
Me sinite, atque auferte metus : ego fœdera faxo
Firma manu : Turnum jam debent hæc mihi sacra.»
Has inter voces, media inter talia verba,
Ecce viro stridens alis allapsa sagitta est;
Incertum qua pulsa manu, quo turbine adacta,   320

genou vigoureux, et, le tenant immobile à terre, il lui plonge son glaive acéré dans le flanc. Tandis qu'aux premiers rangs le pasteur Alsus se rue au milieu des traits, Podalire, qui le suit de près l'épée à la main, s'approche, et déjà va le frapper; mais Alsus, d'un revers de sa hache, lui partage la tête en deux et arrose ses armes de son sang qui jaillit au loin. Un dur repos, un sommeil de fer appesantit ses yeux, et ses paupières se couvrent d'une nuit éternelle.

   Cependant le pieux Énée tendait ses mains désarmées, et, le front découvert, rappelait les siens à grands cris : « Où courez-vous? D'où naît cette soudaine discorde? Ah! réprimez ces fureurs! le traité est conclu, toutes les conditions en sont réglées. Seul j'ai le droit de combattre; laissez-moi ce soin, bannissez vos craintes. Mon bras saura bien ratifier le traité. Turnus me doit sa tête; ces autels en sont garants. » Il parlait encore quand une flèche ailée siffle dans les airs et l'atteint. De quelle main partit-elle? Quelle force l'avait

'tensque genu impresso,
pplicat ipsum terræ ;
sic
erit latus ense rigido.
Podalirius
sequens Alsum pastorem,
ruentemque per tela
prima acie,
superimminet
ense nudo :
ille securi reducta
disjicit frontem mediam
mentumque
adversi,
et rigat arma
cruore sparso late.
Dura quies
et somnus ferreus
urget olli oculos ;
lumina clauduntur
in noctem æternam.
At pius Æneas
tendebat dextram
inermem,
capite nudato,
atque vocabat suos
clamore :
« Quo ruitis ?
quæve ista discordia repens
surgit ?
O cohibete iras !
jam fœdus ictum
et omnes leges compositæ ;
mihi soli jus concurrere ;
sinite me,
atque auferte metus :
ego faxo manu
fœdera firma :
jam hæc sacra
debent mihi Turnum. »
Inter has voces,
'nter media talia verba,
cce sagitta stridens
llapsa est alis viro ;
certum
ua manu pulsa,
uo turbine

et s'appuyant de *son* genou placé-sur *lui*,
il *l'*applique (le jette) lui-même à terre ;
ainsi (dans cette position)
il *lui* frappe le flanc de *son* épée roide.
Podalire
suivant Alsus *qui était* pasteur,
et qui se précipitait à travers les traits
au premier rang,
se-penche-sur *lui* (le menace)
de *son* épée nue :
celui-ci avec *sa* hache ramenée-en-arrière
sépare le front par-le-milieu
et le menton *de Podalire*
placé en-face *de lui*,
et arrose *ses* armes
de *son* sang répandu au loin.
Un dur repos
et un sommeil de-fer
presse à lui les yeux ;
ses yeux se ferment
pour une nuit éternelle.
Mais le pieux Énée
tendait *sa* droite
désarmée,
sa tête étant nue,
et appelait les siens
avec des cris :
« Où vous précipitez-vous ?
ou quelle *est* cette discorde soudaine
qui s'élève ?
O réprimez *vos* colères !
déjà le traité *est* frappé (conclu),
et toutes les conditions arrangées ;
à moi seul *est* le droit de lutter ;
laissez-moi *combattre*,
et enlevez (bannissez) *vos* craintes :
moi je ferai avec *ma* main
des traités fermes (stables) :
désormais ces *objets* sacrés (autels)
doivent à moi Turnus. »
Au milieu de ces cris,
au milieu de telles paroles,
voilà qu'une flèche sifflante
glissa avec *ses* ailes contre le guerrier ;
il est incertain (on ne sait)
par quelle main *elle avait été* lancée,
par quelle force *de projection*

Quis tantam Rutulis laudem casusne, deusne,
Attulerit : pressa est insignis gloria facti ;
Nec sese Æneæ jactavit vulnere quisquam.

    Turnus, ut Ænean cedentem ex agmine vidit,
Turbatosque duces, subita spe fervidus ardet ;   325
Poscit equos atque arma simul, saltuque superbus
Emicat in currum, et manibus molitur habenas.
Multa virum volitans dat fortia corpora leto ;
Semineces volvit multos, aut agmina curru
Proterit, aut raptas fugientibus ingerit hastas.   330
Qualis apud gelidi quum flumina concitus Hebri
Sanguineus Mavors clypeo increpat, atque furentes
Bella movens immittit equos : illi æquore aperto
Ante Notos Zephyrumque volant : gemit ultima pulsu
Thraca pedum, circumque atræ Formidinis ora,   335
Iræque, Insidiæque, dei comitatus, aguntur.
Talis equos alacer media inter prælia Turnus

poussée ? on l'ignore. Est-ce un dieu, est ce le hasard qui procura
ce triomphe aux Rutules ? La gloire de ce grand coup fut ensevelie
dans l'ombre, et personne ne se vanta de la blessure du héros.

    Turnus, qui voit Énée se retirer du champ de bataille, et les chefs
troyens consternés, s'enflamme d'une subite espérance. Il demande
ses chevaux, ses armes, et, superbe et s'élançant d'un bond sur son
char, lui-même en gouverne les rênes. Il vole, donne la mort à une
foule de braves, fait rouler les mourants dans la poudre, écrase les
bataillons sous ses roues enflammées, ou lance contre les fuyards
les traits qu'il saisit. Tel, aux rives glacées de l'Hèbre, Mars,
altéré de sang, bondit, frappe son bouclier et, déchaînant la
guerre, lance ses coursiers furieux : plus rapides que le Notus et le
Zéphyre, ils parcourent les plaines immenses ; la Thrace gémit au
loin sous leurs pieds retentissants. Horrible cortége du dieu, l'Épouvante au front pâle, la Colère et la Ruse sanguinaire s'agitent autour
de son char. Ainsi l'impétueux Turnus, au milieu du carnage, bon-

adacta,	elle avait été poussée-contre lui,
quis,	quel hasard ou quel dieu,
casusne, deusne?	est-ce un hasard, est-ce un dieu?
attulerit Rutulis	apporta aux Rutules
tantam laudem :	une si grande gloire :
gloria facti insignis	la gloire de ce fait illustre
est pressa;	a été étouffée (cachée);
nec quisquam sese jactavit	et personne ne s'est vanté
vulnere Æneæ.	de la blessure d'Énée.
Turnus,	Turnus,
ut vidit Ænean	dès qu'il a vu Énée
cedentem ex agmine,	se retirant de l'armée,
ducesque turbatos,	et les chefs troublés,
ardet fervidus	brûle enflammé
subita spe;	d'une soudaine espérance;
poscit equos	il demande ses chevaux
atque arma simul,	et ses armes en même temps,
superbusque	et superbe
emicat saltu in currum,	il s'élance d'un saut sur son char,
et molitur habenas	et manie les rênes
manibus.	de ses mains.
Volitans	Voltigeant (courant çà et là)
dat leto	il donne à la mort
multa corpora fortia virum;	beaucoup de corps courageux de guerriers:
volvit multos	il en fait-rouler beaucoup d'autres
semineces,	à-demi-morts,
aut proterit agmina curru,	ou écrase les bataillons de son char,
aut ingerit fugientibus	ou lance contre ceux qui fuient
hastas raptas.	ses javelots saisis.
Qualis Mavors sanguineus	Tel que Mars sanglant
quum concitus	lorsque agité (impétueux)
apud flumina Hebri gelidi	près des courants de l'Èbre glacé
increpat	il retentit
clypeo,	avec son bouclier (en le frappant),
atque movens bella	et que remuant (excitant) la guerre
immittit equos furentes:	il lance ses chevaux furieux:
illi volant æquore aperto	ceux-ci volent dans la plaine ouverte
ante Notos	avant (devançant) les Notus
Zephyrumque:	et le Zéphyre:
Thraca ultima	la Thrace la plus reculée
gemit pulsu pedum,	gémit du choc de leurs pieds,
circumque aguntur	et autour d'eux se poussent (s'avancent)
ora atræ Formidinis,	le visage de la noire Peur,
Iræque, Insidiæque,	et les Colères, et les Embûches,
comitatus dei.	escorte du dieu.
Talis Turnus alacer	Tel Turnus impétueux
quatit inter media prælia	secoue (pousse) au milieu des combats

Fumantes sudore quatit, miserabile cæsis
Hostibus insultans; spargit rapida ungula rores
Sanguineos, mixtaque cruor calcatur arena. 340
Jamque neci Sthenelumque dedit, Thamirimque, Pholumque,
Hunc congressus et hunc; illum eminus; eminus ambos
Imbrasidas, Glaucum atque Laden, quos Imbrasus ipse
Nutrierat Lycia, paribusque ornaverat armis,
Vel conferre manum, vel equo prævertere ventos. 345
    Parte alia, media Eumedes in prælia fertur,
Antiqui proles bello præclara Dolonis;
Nomine avum referens, animo manibusque parentem,
Qui quondam, castra ut Danaum speculator adiret,
Ausus Pelidæ pretium sibi poscere currus; 350
Illum Tydides alio pro talibus ausis
Affecit pretio; nec equis adspirat Achillis.
Hunc procul ut campo Turnus prospexit aperto,
Ante levi jaculo longum per inane secutus,
Sistit equos bijuges, et curru desilit, atque 355

dit, tressaille d'une cruelle joie, et pousse au sein de la mêlée ses coursiers fumants de sueur. Leurs pieds rapides foulent le sable rougi de carnage et font jaillir de sanglantes rosées. Il frappe de près Pholus et Thamiris, et de loin Sthénélus; de loin encore sont frappés les deux fils d'Imbrasus le Lycien, Glaucus et Ladès. Leur père les avait nourris lui-même en Lycie, les avait parés des mêmes armes et les avait instruits lui-même, soit à combattre de pied ferme, soit à devancer à cheval le souffle des vents.

D'un autre côté, Eumède se précipitait au milieu de la mêlée; Eumède, illustre descendant de l'antique Dolon. En lui revivaient le nom de son aïeul, l'âme et le bras de son père, qui, jadis, offrit de pénétrer comme espion dans le camp des Grecs, et osa demander pour récompense le char du fils de Pélée; mais Diomède paya d'un autre prix une telle audace, et il n'aspira plus aux coursiers d'Achille. Dès que Turnus a vu de loin Eumède dans la plaine, il lui lance d'abord un léger javelot qui le suit et l'atteint à une grande distance; bientôt il arrête son char, s'élance à terre et fond sur son

equos fumantes sudore,	*ses* chevaux fumants de sueur,
insultans miserabile	bondissant d'une-manière-déplorable
hostibus cæsis ;	sur les ennemis tués ;
ungula rapida	*leur* sabot rapide
spargit rores sanguineos,	répand des rosées sanglantes,
cruorque calcatur	et le sang est foulé *par eux*
arena mixta.	avec le sable mêlé *à lui* (qui en est im-
Jamque dedit neci	Et déjà il a donné à la mort [bibé}.
Sthenelumque,	et Sthénélus,
Thamirimque,	et Thamiris ,
Pholumque,	et Pholus ,
congressus	ayant abordé
hunc et hunc ;	celui-ci et celui-ci (les deux derniers);
illum eminus ;	celui-là (Sthénélus) de loin ;
eminus ambos Imbrasidas,	de loin les deux fils-d'Imbrasus,
Glaucum atque Laden ,	Glaucus et Ladès ,
quos Imbrasus ipse	qu'Imbrasus lui-même
nutrierat Lycia ,	avait nourris (élevés) dans la Lycie,
ornaveratque	et avait ornés
armis paribus,	d'armes pareilles,
vel conferre manum ,	soit pour engager la main (combattre),
vel prævertere ventos	soit pour devancer les vents
equo.	sur un cheval.
Alia parte,	D'un autre côté,
Eumedes fertur	Eumède se porte (s'avance)
in media prælia,	au milieu des combats,
proles præclara bello	race (fils) illustre à la guerre
antiqui Dolonis;	de l'antique Dolon ;
referens avum nomine,	reproduisant *son* aïeul par le nom ,
parentem animo	*son* père par le courage
manibusque ,	et par les mains ,
qui quondam ,	*son père* qui autrefois ,
ut adiret speculator	pour qu'il abordât *comme* espion
castra Danaum ,	le camp des Grecs,
ausus poscere sibi pretium	osa demander pour lui *comme* prix
currus Pelidæ ;	le char du fils-de-Pélée ;
pro talibus ausis	en échange d'une telle audace
Týdides	le fils-de-Tydée
affecit illum alio pretio ;	gratifia lui d'un autre prix ;
nec adspirat equis Achillis.	et il n'aspire plus au char d'Achille.
Ut Turnus	Dès que Turnus
prospexit hunc procul	découvrit celui-ci de loin
campo aperto,	dans la plaine ouverte,
secutus ante	*l'ayant* poursuivi auparavant
jaculo levi	avec un javelot léger
per longum inane,	à travers un long *espace* vide (d'air),
sistit equos bijuges ,	il arrête *ses* chevaux attelés-à-deux,

Semianimi lapsoque supervenit, et, pede collo
Impresso, dextræ mucronem extorquet, et alto
Fulgentem tingit jugulo, atque hæc insuper addit :
« En , agros, et quam bello, Trojane, petisti,
Hesperiam metire jacens: hæc præmia, qui me   360
Ferro ausi tentare, ferunt; sic mœnia condunt. »
Huic comitem Asbuten, conjecta cuspide, mittit,
Chloreaque, Sybarimque, Daretaque, Thersilochumque,
Et sternacis equi lapsum cervice Thymœten.
Ac velut Edoni Boreæ quum spiritus alto   365
Insonat Ægæo, sequiturque ad littora fluctus,
Qua venti incubuere; fugam dant nubila cœlo :
Sic Turno, quacumque viam secat, agmina cedunt,
Conversæque ruunt acies; fert impetus ipsum,
Et cristam adverso curru quatit aura volantem.   370
Non tulit instantem Phegeus animisque frementem ;
Objicit sese ad currum, et spumantia frenis

ennemi abattu, demi-mort, et, du pied lui pressant le cou, il lui
arrache son épée, lui plonge dans la gorge le fer étincelant et s'écrie :
« Troyen, les voilà, ces champs, la voilà, cette Hespérie que tu deman-
dais à la guerre. Mesure maintenant cette terre avec ton cadavre
étendu : c'est là le prix de ceux dont le fer ose provoquer Turnus ;
c'est ainsi qu'ils bâtissent des villes. » Il dit, et bientôt les nouveaux
dards qu'il lance donnent pour compagnons au fils de Dolon, Asbu-
tès, Chlorée, Sybaris, Darès et Thersiloque, et Thymète renversé
de son cheval qui s'abat. Tel, quand l'impétueux Borée, échappé du
fond de la Thrace, mugit à grand bruit sur la mer Égée, partout
où souffle sa puissante haleine, les flots courent vers le rivage; les
nuages s'enfuient et se dispersent : ainsi, partout où Turnus dirige
sa course, les bataillons fléchissent et se précipitent dans la fuite. Sa
fougue l'emporte lui-même, et l'air que fend son char rapide bat et
courbe en arrière son aigrette mouvante. Cependant Phégée s'indigne
de tant d'acharnement et de tant de fureur. Il se jette au-devant du

et desilit curru ,	et saute-en-bas de *son* char,
atque supervenit	et arrive-sur *lui*
semianimi lapsoque ,	à-demi-mort et tombé ,
et, pede impresso collo ,	et, *son* pied étant appuyé-sur *sa* gorge,
extorquet mucronem	il arrache l'épée
dextræ ,	à la droite *d'Eumède* ,
et tingit fulgentem	et *la* teint étincelante
alto jugulo ,	au fond de *sa* gorge,
atque addit hæc insuper :	et ajoute ces *mots* en outre :
« En, Trojane ,	« Voilà (eh bien), Troyen ,
metire jacens	mesure couché *ici*
agros , et Hesperiam	les champs , et l'Hespérie
quam petisti bello :	que tu as cherchée par la guerre :
qui, ausi	*ceux* qui , ayant osé
tentare me ferro ,	essayer (attaquer) moi avec le fer,
ferunt hæc præmia ;	emportent ces récompenses ;
sic condunt mœnia. »	*c'est* ainsi *qu'*ils fondent des murs. »
Mittit comitem huic	Il envoie *comme* compagnon à celui-ci
Asbuten ,	Asbutès,
cuspide conjecta ;	un dard étant lancé *contre lui* ;
Chloreaque, Sybarimque,	et Chlorée, et Sybaris,
Daretaque,	et Darès ,
Thersilochumque,	et Thersiloque ,
et Thymœten	et Thymète
lapsum cervice	tombé du cou
equi sternacis.	de *son* cheval qui-s'abat.
Ac velut quum spiritus	Et comme lorsque le souffle
Boreæ Edoni	de Borée de-Thrace
insonat alto Ægæo ,	retentit sur la profonde *mer* Égée ,
fluctusque	et *que* le flot
sequitur ad littora ,	suit (roule) vers les rivages ,
qua venti incubuere ;	par où (là où) les vents se sont abattus ;
nubila	les nuages
dant fugam cœlo :	donnent la fuite (fuient) dans le ciel :
sic agmina cedunt Turno ,	ainsi les bataillons cèdent à Turnus ,
quacumque secat viam ,	partout où il fend (suit) *sa* route,
aciesque	et les lignes *de combattants*
conversæ	tournées (se retournant pour fuir)
ruunt ;	se précipitent ;
impetus fert ipsum ,	*son* élan *l'*emporte lui-même ,
et curru adverso	et *son* char *venant* en-sens-contraire
aura quatit	le vent secoue
cristam volantem.	*son* aigrette volante.
Phegeus non tulit	Phégée ne supporta pas
instantem	*Turnus* pressant *les Troyens*
frementemque animis ;	et frémissant *d'ardeur* ;
sese objecit ad currum ,	il se plaça-en-face du char,

Ora citatorum dextra detorsit equorum.
Dum trahitur pendetque jugis, hunc lata retectum
Lancea consequitur, rumpitque infixa bilicem   375
Loricam, et summum degustat vulnere corpus.
Ille tamen clypeo objecto conversus in hostem
Ibat, et auxilium ducto mucrone petebat :
Quum rota præcipitem et procursu concitus axis
Impulit, effuditque solo ; Turnusque secutus,   380
Imam inter galeam, summi thoracis et oras,
Abstulit ense caput, truncumque reliquit arenæ.
  Atque ea dum campis victor dat funera Turnus,
Interea Ænean Mnestheus, et fidus Achates,
Ascaniusque comes castris statuere cruentum,   385
Alternos longa nitentem cuspide gressus.
Sævit, et infracta luctatur arundine telum
Eripere, auxilioque viam, quæ proxima, poscit :
Ense secent lato vulnus, telique latebram
Rescindant penitus, seseque in bella remittant.   390

char de Turnus , saisit le frein écumant des coursiers emportés et les détourne. Mais tandis qu'il est entraîné suspendu au joug, Turnus le frappe par derrière d'une large javeline qui perce sa cuirasse à double maille et effleure son corps d'une légère blessure. Phégéc alors se retourne contre son ennemi, et, se couvrant de son bouclier, il marche à lui l'épée à la main et appelle les siens à son secours. Mais les roues, dans leur essor rapide, le heurtent, le renversent à terre, et Turnus qui le suit, fondant sur lui, le frappe de son glaive entre les bords supérieurs de la cuirasse et la partie inférieure du casque, lui tranche la tête et laisse le tronc sanglant étendu sur la terre.

  Tandis que Turnus vainqueur sème ainsi la mort sur le champ de bataille, Mnesthée, le fidèle Achate et le jeune Ascagne avec eux, ramènent lentement dans sa tente Énée ensanglanté, et qui aide ses pas tardifs en s'appuyant sur sa longue javeline. Il frémit d'impatience et s'efforce d'arracher le trait brisé dans sa plaie. Il implore les plus prompts secours ; il veut qu'une large épée fouille à l'instant sa blessure et sonde les profondeurs où le fer s'est caché, afin qu'on le

et detorsit dextra	et détourna avec la droite
ora equorum citatorum	les bouches des chevaux lancés
spumantia frenis.	écumantes par *leurs* freins.
Dum trahitur	Tandis qu'il est entraîné
pendetque jugis,	et *qu'*il est-suspendu au joug,
lata lancea	la large lance
consequitur hunc retectum,	atteint lui découvert,
infixaque	et enfoncée
rumpit loricam bilicem,	rompt (perce) *sa* cotte à-double-tissu,
et degustat vulnere	et effleure d'une blessure
summum corpus.	la surface de *son* corps.
Ille tamen conversus	Lui cependant s'étant tourné
clypeo objecto	*son* bouclier étant porté-en-avant
ibat in hostem,	allait contre *son* ennemi,
et petebat auxilium	et demandait du secours
mucrone ducto :	*son* épée étant tirée :
quum rota	lorsque la roue
et axis concitus	et l'axe mis-en-mouvement
procursu	par *sa* course-en-avant
impulit præcipitem,	poussa *lui* précipité,
effuditque solo ;	et *le* renversa sur le sol ;
Turnusque secutus	et Turnus *l'*ayant suivi
abstulit caput ense	*lui* enleva la tête de *son* épée
inter imam galeam,	entre le bas du casque,
et oras summi thoracis,	et les bords du haut de la cuirasse,
reliquitque truncum	et abandonna *son* tronc
arenæ.	au sable.
Atque dum	Et tandis que
Turnus victor	Turnus vainqueur
dat ea funera campis,	donne (fait) ces carnages dans la plaine,
interea Mnestheus,	cependant Mnesthée,
et fidus Achates,	et le fidèle Achate,
Ascaniusque comes	et Ascagne *comme* compagnon (avec eux)
statuere castris	ont établi dans le camp (ramené au camp)
Ænean cruentum,	Énée ensanglanté,
nitentem longa cuspide	appuyant sur une longue pique
gressus alternos.	*ses* pas l'un-après-l'autre.
Sævit,	Il s'irrite,
et luctatur eripere telum	et il s'efforce d'arracher le trait
arundine infracta,	le roseau ayant été brisé,
poscitque auxilio viam,	et il demande à secours la voie (le moyen),
quæ proxima :	qui *est* le plus proche (prompt) :
secent vulnus	qu'ils taillent la blessure
ense lato,	avec une épée (un fer) large,
rescindantque penitus	et qu'ils entr'ouvrent profondément
latebram teli,	la cachette du trait,
sescque remittant in bella.	et qu'ils le renvoient aux combats.

Jamque aderat Phœbo ante alios dilectus Iapis
Iasides; acri quondam cui captus amore
Ipse suas artes, sua munera, lætus Apollo
Augurium citharamque dabat celeresque sagittas.
Ille, ut depositi proferret fata parentis,   395
Scire potestates herbarum usumque medendi
Maluit, et mutas agitare inglorius artes.
Stabat, acerba fremens, ingentem nixus in hastam,
Æneas, magno juvenum et mœrentis Iuli
Concursu, lacrimis immobilis. Ille retorto   400
Pæonium in morem senior succinctus amictu,
Multa manu medica Phœbique potentibus herbis
Nequidquam trepidat; nequidquam spicula dextra
Sollicitat, prensatque tenaci forcipe ferrum :
Nulla viam fortuna regit, nihil auctor Apollo   405
Subvenit; et sævus campis magis ac magis horror

rende aux combats. Déjà est venu auprès de lui le plus cher des favo-
ris d'Apollon, Iapis, fils d'Iasus. Le dieu, qui jadis fut touché pour
lui d'une vive tendresse, mit sa joie à le combler de ses dons les plus
précieux et lui donna les secrets de son art, sa science augurale, et sa
lyre, et ses flèches rapides. Mais Iapis, pour prolonger les jours d'un
père, aima mieux connaître les vertus des plantes pour guérir les
mortels et pratiquer sans gloire un art utile. Énée, debout et frémissant de colère, s'appuyait sur sa forte lance. Entouré d'un grand
nombre de guerriers, près d'Iule qui se désole, il ne s'émeut pas de
leurs larmes. Le vieillard, la robe relevée et rejetée en arrière, suivant
l'antique usage des disciples d'Apollon, déploie en vain toute l'adresse
de ses mains savantes, essaye en vain des mille vertus des puissantes
herbes de Phébus; en vain de ses doigts il s'efforce d'arracher le
trait; en vain, armé de tenailles mordantes, il le saisit et l'agite :
nul effort n'ouvre un passage à la pointe rebelle; son maître Apollon
ne l'aide en rien. Cependant de plus en plus dans la plaine redouble

Jamque aderat	Et déjà était-présent
Iapis Iasides	Iapis fils-d'Iasus
dilectus Phœbo	chéri de Phébus
ante alios ;	avant (plus que) les autres ;
cui quondam	à qui autrefois
Apollo lætus ,	Apollon joyeux (avec plaisir),
captus amore acri,	épris d'un amour violent,
dabat ipse suas artes ,	donnait (offrit) lui-même ses arts ,
sua munera ,	ses dons,
augurium citharamque	la science-d'augure et la cithare
sagittasque celeres.	et les flèches rapides.
Ille ,	Celui-là (Iapis),
ut proferret fata	pour qu'il prolongeât les destins (la vie)
parentis depositi,	de *son* père perdu (mourant),
maluit	aima-mieux
scire potestates herbarum	savoir les propriétés des herbes
usumque medendi,	et *leur* usage de (utilité pour) guérir,
et inglorius	et sans-gloire
agitare artes mutas.	exercer un art muet (sans renom).
Æneas stabat,	Énée se tenait-debout,
fremens acerba,	frémissant avec-rage ,
nixus in ingentem hastam,	appuyé sur *sa* grande javeline,
magno concursu	avec (au milieu d') un grand concours
juvenum	de guerriers
et Iuli mœrentis ,	et d'Iule affligé ,
immobilis lacrimis.	non-ému de *leurs* larmes.
Ille senior	Lui, le vieillard (Iapis),
succinctus amictu retorto	ceint d'un vêtement retroussé-en-arrière
in morem	à la manière
Pæonium,	de-Péon (d'Apollon, des médecins),
trepidat multa	s'empresse beaucoup
nequidquam	*mais* en vain
manu medica	avec *sa* main habile-à-guérir
herbisque potentibus	et les herbes puissantes
Phœbi ;	de Phébus ;
nequidquam	vainement
sollicitat spicula dextra ,	il tourmente le dard avec *sa* droite ,
prensatque ferrum	et saisit le fer
forcipe tenaci :	avec une pince tenace :
nulla fortuna	aucune fortune (nullement la fortune)
regit viam ,	ne dirige (n'ouvre) une route,
Apollo auctor	Apollon inventeur *de l'art*
subvenit nihil ;	ne vient-en-aide en rien ;
et horror sævus	et l'horreur terrible
crebrescit	devient-fréquente (redouble)
campis	dans la plaine
magis ac magis,	davantage et davantage (de plus en plus),

Crebrescit, propiusque malum est : jam pulvere cœlum
Stare vident; subeuntque equites, et spicula castris
Densa cadunt mediis : it tristis ad æthera clamor
Bellantum juvenum, et duro sub Marte cadentum.   410

   Hic Venus, indigno nati concussa dolore,
Dictamnum genitrix Cretæa carpit ab Ida *,
Puberibus caulem foliis et flore comantem
Purpureo : non illa feris incognita capris
Gramina, quum tergo volucres hæsere sagittæ.   415
Hoc Venus, obscuro faciem circumdata nimbo,
Detulit; hoc fusum labris splendentibus amnem
Inficit, occulte medicans, spargitque salubres
Ambrosiæ succos et odoriferam panaceam.
Fovit ea vulnus lympha longævus Iapis,   420
Ignorans : subitoque omnis de corpore fugit
Quippe dolor; omnis stetit imo vulnere sanguis.
Jamque secuta manum, nullo cogente, sagitta
Excidit, atque novæ rediere in pristina vires.

la belliqueuse horreur. Le danger devient de moment en moment
plus pressant pour les Troyens. Déjà l'on voit le ciel s'obscurcir de
poussière ; les escadrons des ennemis s'approchent, une grêle de traits
pleut au milieu du camp, et dans les airs retentissent les cris douloureux des guerriers qui tombent victimes des fureurs de Mars.

   Alors Vénus, profondément émue des longues souffrances de son
fils, va cueillir, sur l'Ida de Crète, le dictame à la tige chevelue,
aux fleurs couleur de pourpre. Les chèvres sauvages savent trouver
cette plante, quand les traits du chasseur se sont attachés à leurs
flancs. Enveloppée d'un nuage qui la dérobe aux yeux, Vénus apporte cette fleur, l'infuse dans l'eau d'un brillant bassin, en y mê-
lant les sucs bienfaisants de l'ambroisie et l'odorante panacée. Le
vieil Iapis baigne la plaie avec cette eau dont il ignore la vertu;
soudain la douleur fuit, le sang s'arrête, et, suivant la main sans
effort, le trait tombe de lui-même : le héros sent renaître sa vigueur

malumque	et le mal (le péril)
est propius :	est plus proche (plus pressant) :
jam vident cœlum	déjà ils voient le ciel
stare pulvere ;	être-plein de poussière ;
equitesque subeunt,	et les cavaliers approchent,
et spicula densa	et des traits serrés (nombreux)
cadunt mediis castris:	tombent au milieu du camp :
tristis clamor	une douloureuse clameur
juvenum bellantum,	des guerriers qui combattent,
et cadentum	et qui tombent
sub duro Marte	sous le cruel Mars
it ad æthera.	va (s'élève) vers l'éther.
Hic Venus,	Alors Vénus,
concussa	frappée (émue)
dolore indigno nati,	de la douleur indigne (cruelle) de *son* fils,
genitrix carpit	*tendre* mère cueille
ab Ida Cretæa	sur l'Ida de-Crète
dictamnum,	le dictame,
caulem comantem	tige chevelue
foliis puberibus	de feuilles développées (vigoureuses)
et flore purpureo :	et d'une fleur d'un-rouge-pourpre :
illa gramina non incognita	ces herbes ne *sont* pas inconnues
capris feris,	aux chèvres sauvages,
quum sagittæ volucres	quand les flèches agiles
hæsere tergo.	se sont attachées à *leur* flanc.
Circumdata faciem	Entourée quant à *son* visage
nimbo obscuro,	d'un nuage obscur,
Venus detulit hoc ;	Vénus apporta cette *plante ;*
inficit hoc	elle teint avec cette *plante*
amnem fusum	le fleuve (l'eau) versée
labris splendentibus,	dans un vase éclatant,
medicans occulte,	préparant *le remède* secrètement,
spargitque	et y répand (y mêle)
succos salubres ambrsiæ	les sucs salutaires de l'ambroisie
et panaceam odoriferm.	et la panacée odoriférante.
Longævus Iapis	Le vieil Iapis
fovit vulnus ea lympha,	a bassiné la blessure de cette eau,
ignorans :	ignorant *sa vertu ;*
quippeque omnis dolo	et ainsi toute douleur
fugit subito de corpos ;	s'enfuit aussitôt du corps *d'Énée ;*
omnis sanguis stetit	tout *écoulement de* sang s'arrêta
imo vulnere.	au fond de la blessure.
Jamque sagitta excidi	Et déjà la flèche est tombée
secuta manum,	suivant la main,
nullo cogente,	personne ne *la* forçant,
atque novæ vires	et de nouvelles forces
rediere in pristina.	sont revenues à l'ancien *état.*

« Arma citi properate viro ! quid statis ? » Iapis   425
Conclamat, primusque animos accendit in hostem :
« Non hæc humanis opibus, non arte magistra
Proveniunt; neque te, Ænea, mea dextera servat :
Major agit deus, atque opera ad majora remittit. »

    Ille, avidus pugnæ, suras incluserat auro   430
Hinc atque hinc, oditque moras, hastamque coruscat.
Postquam habilis lateri clypeus loricaque tergo est,
Ascanium fusis circum complecùtur armis,
Summaque per galeam delibans oscula fatur :
« Disce, puer, virtutem ex me verumque laborem,   435
Fortunam ex aliis : nunc te mea dextera bello
Defensum dabit, et magna inter præmia ducet.
Tu facito, mox quum matura adoleverit ætas,
Sis memor, et te animo repetentem exempla tuorum,
Et pater Æneas, et avunculus excitet Hector. »   440

accoutumée. « Des armes au guerrier! Troyens, que tardez-vous? »
s'écrie Iapis. Le premier, il excite le courage d'Énée contre l'ennemi.
« Non, ce n'est point un secours humain, ce n'est point mon art
mortel qui a fait ce prodige, ce n'est pas ma main qui vous conserve,
Énée : un dieu puissant a tout fait; c'est un dieu qui vous appelle à
de plus glorieux exploits. »

    Déjà, brûlant de combattre, le guerrier avait repris ses deux
cuissards d'or; il maudit les retards ; dans sa main sa javeline étincelle. Bientôt il saisit son lourd bouclier, il endosse sa cuirasse,
presse Ascagne dans ses bras tout armés, et, à travers l'ouverture
de son casque, effleurant d'un baiser les lèvres de son fils, il lui dit :
« Enfant, apprends de moi la vertu et le courage; d'autres t'enseigne-
ront la route qui conduit au bonheur. Aujourd'hui, mon bras va te
défendre dans les batailles et te préparer pour l'avenir les fruits de la
victoire. Toi, quand tu seras parvenu à la maturité de l'âge, garde
ces souvenirs, et, rappelant sans cesse à ton esprit les exemples de
ceux de ta race, enflamme-toi pour la vertu, et qu'on reconnaisse
en toi le fils d'Enée et le neveu d'Hector. » A ces mots il s'élance

« Citi
properate arma
viro !
quid statis ? »
conclamat Iapis,
primusque
accendit animos
in hostem :
« Hæc non proveniunt
opibus humanis,
non arte magistra ;
neque mea dextera
servat te, Ænea :
deus major agit,
atque remittit
ad opera majora. »
   Ille, avidus pugnæ,
incluserat suras
auro
hinc atque hinc,
oditque moras,
coruscatque hastam.
Postquam clypeus
est habilis lateri
loricaque tergo,
complectitur Ascanium
armis fusis circum,
delibansque oscula summa
per galeam
fatur :
« Puer,
disce ex me virtutem,
verumque laborem ;
ex aliis fortunam :
nunc mea dextera
dabit te defensum
bello,
et ducet
inter magna præmia.
Tu facito,
quum mox
ætas adoleverit matura,
sis memor,
et, et pater Æneas
et avunculus Hector
excitet te
repetentem animo

« Prompts (promptement)
hâtez (donnez vite) des armes
au guerrier !
pourquoi vous tenez-vous là ? »
s'écrie Iapis,
et le premier
il enflamme le courage d'Énée
contre l'ennemi :
« Ces succès ne proviennent pas
de secours humains,
ni de mon art de-maître ;
et ce n'est pas ma droite
qui conserve toi, Énée :
un dieu plus grand agit,
et te renvoie
à des travaux plus grands. »
   Lui (Énée), avide de combat,
avait enfermé ses jambes
dans l'or (des armes d'or)
d'ici et de là (des deux côtés),
et il hait les retards,
et il brandit sa javeline.
Après que son bouclier
est adapté à son côté
et sa cuirasse à son dos,
il embrasse Ascagne
ses armes étant répandues autour de lui,
et cueillant des baisers qui-effleurent
à travers son casque
il dit :
« Enfant,
apprends de moi la vertu,
et le vrai travail (la vraie patience) ;
apprends des autres le bonheur :
maintenant ma droite
donnera toi défendu (te défendra)
par la guerre,
et te conduira
au milieu (à) de grandes récompenses.
Toi fais en sorte,
lorsque, ce qui arrivera bientôt,
ton âge aura grandi (sera devenu) mûr,
que tu sois te-souvenant,
et que, et ton père Énée
et ton oncle Hector
excitent toi
recherchant (te rappelant) dans ton cœur

Hæc ubi dicta dedit, portis sese extulit ingens,
Telum immane manu quàtiens; simul agmine denso
Antheusque Mnestheusque ruunt; omnisque relictis
Turba fluit castris : tum cæco pulvere campus
Miscetur, pulsuque pedum tremit excita tellus.   445
    Vidit ab adverso venientes aggere Turnus,
Videre Ausonii, gelidusque per ima cucurrit
Ossa tremor. Prima ante omnes Juturna Latinos
Audiit agnovitque sonum, et tremefacta refugit.
Ille volat, campoque atrum rapit agmen aperto.   450
Qualis, ubi ad terras, abrupto sidere, nimbus
It mare per medium : miseris, heu! præscia longe
Horrescunt corda agricolis; dabit ille ruinas
Arboribus stragemque satis; ruet omnia late :
Ante volant, sonitumque ferunt ad littora venti: 455
Talis in adversos ductor Rhœteius [1] hostes

fièrement hors des portes; agitant dans sa main un énorme javelot.
Avec lui s'avancent à grands pas, à la tête de leurs bataillons serrés,
Anthée et Mnesthée. Toute la foule des soldats s'écoule du camp à
flots tumultueux. Un nuage épais de poussière enveloppe la plaine,
et la terre ébranlée retentit sous leurs pas.

    Turnus, d'une colline opposée, voit les Troyens s'approcher;
les Ausoniens les voient aussi, et le frisson de la peur court dans
leurs veines et glace leur sang. Juturne, la première, entend leur
marche et s'enfuit épouvantée. Énée vole et pousse ses noirs bataillons dans la plaine ouverte devant lui. Tel, enfanté par un astre
funeste, un nuage s'échappe; franchit les vastes mers et roule vers
la terre. Les malheureux cultivateurs, prévoyant de loin ses ravages,
frémissent de crainte : il va déraciner les arbres, dévaster les
moissons et tout abattre sur son passage; les vents volent devant
lui et leurs sifflements font retentir le rivage. Tel le chef des Troyens
pousse contre l'ennemi les rangs serrés de ses soldats ramassés en

exempla tuorum. »	les exemples des tiens. »
Ubi dedit hæc dicta,	Dès qu'il eut donné (dit) ces paroles,
ingens	grand (de haute taille)
sese extulit portis,	il se produisit-hors des portes ;
quatiens manu	secouant dans sa main
telum immane ;	un trait énorme ;
simul	en même temps
Antheusque Mnestheusque	et Anthée et Mnesthée
ruunt	se précipitent
agmine denso ;	avec un bataillon serré (épais) ;
omnisque turba fluit	et toute la foule s'écoule
castris relictis :	le camp étant abandonné :
tum campus miscetur	alors la plaine est troublée
cæco pulvere,	par une sombre poussière,
tellusque excita	et la terre ébranlée
tremit pulsu pedum.	tremble par le choc des pieds.
Turnus	Turnus
ab aggere adverso	d'une éminence opposée
vidit venientes,	vit eux venant,
Ausonii videre,	les Ausoniens les virent,
tremorque gelidus	et un tremblement glacé
cucurrit per ossa ima.	courut à travers leurs os intimes.
Juturna prima	Juturne la première
ante omnes Latinos	avant tous les Latins
audiit agnovitque sonum,	entendit et reconnut le bruit,
et refugit tremefacta.	et s'enfuit épouvantée.
Ille volat,	Celui-là (Énée) vole,
rapitque agmen atrum	et entraîne sa troupe noire de poussière
campo aperto.	dans la plaine ouverte.
Qualis, ubi nimbus,	Tel que, lorsqu'un nuage,
sidere abrupto,	un ouragan ayant éclaté,
it ad terras	va (s'avance) vers les terres
per medium mare :	à travers le milieu de la mer :
corda præscia longe	leurs cœurs qui-prévoient de loin
horrescunt, heu !	sont-remplis-d'épouvante, hélas !
miseris agricolis ;	aux malheureux cultivateurs ;
ille dabit ruinas	ce nuage donnera la ruine (détruira)
arboribus,	aux (les) arbres,
stragemque	et le renversement (renversera)
satis ;	aux (les) moissons ;
ruet omnia late :	il abattra tout au loin ;
venti volant ante,	les vents volent en avant,
feruntque sonitum	et apportent le bruit
ad littora :	aux rivages :
talis ductor Rhœteius	tel le chef Troyen
agit agmen	pousse sa troupe
in hostes adversos ;	contre les ennemis placés en-face ;

Agmen agit : densi cuneis se quisque coactis
Agglomerant. Ferit ense gravem Thymbræus Osirim;
Archetium Mnestheus, Epulonem obtruncat Achates,
Ufentemque Gyas; cadit ipse Tolumnius augur,   460
Primus in adversos telum qui torserat hostes.
Tollitur in cœlum clamor, versique vicissim
Pulverulenta fuga Rutuli dant terga per agros.
Ipse neque aversos dignatur sternere morti;
Nec pede congressos æquo, nec tela ferentes   465
Insequitur : solum densa in caligine Turnum
Vestigat lustrans, solum in certamina poscit.
     Hoc concussa metu mentem Juturna virago
Aurigam Turni media inter lora Metiscum
Excutit, et longe lapsum temone reliquit;   470
Ipsa subit, manibusque undantes flectit habenas,
Cuncta gerens, vocemque, et corpus, et arma Metisci.
Nigra velut magnas domini quum divitis ædes
Pervolat, et pennis alta atria lustrat hirundo,

colonnes. Thymbrée frappe de son épée le redoutable Osiris; Mnesthée immole Archétius ; Achate tue Épulon ; Gyas abat Ufens ; l'augure Tolumnius, lui-même, tombe, lui qui, le premier, avait lancé
un trait contre les Troyens. Un grand cri s'élève jusqu'au ciel : repoussés à leur tour, les Rutules tournent le dos et fuient dans la
plaine à travers des flots de poussière. Énée ne trouve pas digne de
lui d'immoler ces fuyards, de châtier ceux qui le provoquent de près
et ceux qui, de loin, lui lancent leurs traits : à travers le nuage
poudreux qui couvre la mêlée, ses yeux ne cherchent que Turnus,
c'est lui seul qu'il appelle au combat.

Effrayée du danger de son frère, l'héroïque Juturne renverse du
timon et fait tomber entre les rênes, Métisque, conducteur du char
de Turnus, et le laisse au loin étendu sur la terre. La vierge aussitôt le remplace, et, de ses mains, dirige les rênes ondoyantes,
semblable en tout à Métisque, dont elle a pris la voix, la figure, les
armes. Telle la noire hirondelle, voltigeant dans la vaste demeure
d'un maître opulent, parcourt de son aile rapide les hauts portiques,

ensi | serrés
quisque se agglomerant | chacun (tous) se réunissent
cuneis | les coins (bataillons)
coactis. | étant rassemblés (ramassés).
Tymbræus ferit ense | Thymbrée frappe de *son* épée
gravem Osirim; | le puissant Osiris;
Mnestheus | Mnesthée
obtruncat Archetium, | tue Archétius,
Achates Epulonem, | Achate *tue* Épulon,
Gyasque Ufentem; | et Gyas *tue* Ufens;
augur Tolumnius | l'augure Tolumnius
ipse cadit, | lui-même tombe,
qui primus torserat telum | *lui* qui le premier avait lancé un trait
in hostes adversos. | contre les ennemis *placés* en-face *de lui.*
Clamor tollitur in cœlum, | Un cri s'élève vers le ciel,
versique vicissim | et se tournant à-*leur*-tour
Rutuli dant terga | les Rutules donnent (présentent) *leurs* dos
pulverulenta fuga | *rendus* poudreux par *leur* fuite
per agros. | à travers les campagnes.
Ipse | *Mais Énée* lui-même
neque dignatur | et ne trouve-pas-digne *de lui*
sternere morti | d'abattre à (par) la mort
aversos; | *les Rutules* retournés (fuyant);
nec insequitur | et il ne poursuit pas
congressos pede æquo, | *ceux* qui *l'*attaquent d'un pied égal (ferme),
nec ferentes tela : | ni *ceux* qui *lui* portent (lancent) des traits:
lustrans | allant-de-côté-et-d'autre
vestigat Turnum solum | il cherche Turnus seul [sière,
in caligine densa, | au milieu de l'obscurité épaisse *de la pous-*
poscit solum in certamina. | il réclame *Turnus* seul pour le combat.
    Virago Juturna, | L'héroïne Juturne,
concussa mentem | bouleversée dans *son* esprit
hoc metu, | par cette crainte,
excutit inter media lora | secoue (renverse) au milieu des brides
Metiscum aurigam Turni, | Métisque cocher de Turnus,
et relinquit longe | et *l'*abandonne au loin
lapsum temone; | tombé du timon;
ipsa subit, | elle-même prend-*sa*-place,
flectitque manibus | et fléchit (dirige) avec *ses* mains
habenas undantes, | les rênes ondoyantes
gerens cuncta, | portant (reproduisant) tout,
vocemque, et corpus, | et la voix, et le corps,
et arma Metisci. | et les armes de Métisque.
Velut quum nigra hirundo | Comme lorsque la noire hirondelle
pervolat magnas ædes | parcourt-en-volant la grande demeure
domini divitis, | d'un maître opulent,
et lustrat pennis | et visite avec *ses* ailes (dans son vol)

3.

Pabula parva legens, nidisque löqüäcibus escas;   475
Ei nunc porticibus vaëüie, nunc humida circum
Stagna sonat : similis mědlos Jutürhä per hostes
Fertur equis, rapidoque volans obit omnia curru ;
Jamque hic germanum, jamqüe hic ostentat ovantem,
Nec conferre manum patitur; volat avia longe.   480

    Haud minus Æneas törtos legit obvius orbes,
Vestigatque virum, et disjecta per agmina magna
Voce vocât. Quoties oculos conjēcit in hostem,
Alipedumque fugam cursu tentavit equorum,
Aversos toties currus Jutürhä retorsit.   485
Heu! quid agat? vario nequidquam fluctuat æstu,
Diversæque vocänt änimum in contraria curæ.
Huic Messapus, uti læva duo forte gerebat
Lenta, levis cursu; præfixä hastillä ferro,
Horum unum certo contorquens dirigit ictu.   490
Substitit Æneas, et se collegit in arma,

et, cherchant un peu de pâture qu'attend son nid babillard, fait retentir de ses cris tantôt le péristyle désert, tantôt les humides bords
des étangs. Telle, au milieu des ennemis, Juturne lance les coursiers, et, sur le char rapide, vole dans tous les rangs; elle ne fait
que montrer çà et là son frère triomphant, sans souffrir qu'il en
vienne aux mains; et, de détour en détour, elle l'entraîne au loin.

    Cependant Énée, ardent à poursuivre son rival, suit sa trace tor-
tueuse et l'appelle à grands cris, à travers les bataillons rompus des
Latins. Chaque fois que ses yeux ont aperçu Turnus et qu'il est près
d'atteindre, dans leur fuite, ses coursiers aux pieds ailés, la nymphe détourne aussitôt le char en sens contraire. Hélas! que fera-t-il?
En vain il flotte en proie à mille agitations diverses; en vain mille
pensées contraires s'offrent ensemble à sa pensée. Cependant Messape court à lui d'un pas rapide, portant deux javelots armés d'un
fer aigu, et, d'une main assurée, en fait voler un contre Énée. Le
héros s'arrête, et, fléchissant le genou, se ramasse sous son armure.

atria alta ,
legens parva pabula ,
escasque
nidis loquacibus ;
et sonat
nunc porticibus vacuis ,
nunc circum
stagna humida :
similis Juturna
fertur equis
per medios hostes ,
volansque obit omnia
curru rapido ;
ostentatque
germanum ovantem
jam hic jamque hic ,
nec patitur
conferre manum ;
avia volat longe.
    Æneas obvius
haud legit minus
orbes tortos ,
vestigatque virum ,
et vocat magna voce
per agmina disjecta.
Quoties conjecit oculos
in hostem ,
tentavitque cursu
fugam equorum alipedum,
toties Juturna
retorsit
currus aversos.
Heu ! quid agat ?
fluctuat nequidquam
æstu vario ,
curæque diversæ
vocant animum
in contraria.
Messapus; levis cursu ,
uti forte gerebat læva
duo hastilia lenta
præfixa ferro ,
contorquens huic
unum horum
dirigit ictu certo.
Æneas substitit ,
et se collegit in arma ,

les voûtes élevées ,
recueillant une petite pâture ,
et des aliments
pour son nid babillard ;
et elle retentit avec ses ailes
tantôt dans les portiques vides ,
tantôt autour
des étangs humides :
semblable (telle) Juturne
est portée par ses chevaux
à travers le milieu des ennemis ,
et volant parcourt tout
de son char rapide ;
et elle montre
son frère triomphant
déjà (tantôt) ici et tantôt là ,
et elle ne souffre pas
lui engager la main (combattre);
se-détournant elle vole au loin.
    Énée se portant à-sa-rencontre
n'en parcourt pas moins
des cercles tortueux,
et cherche le guerrier,
et l'appelle d'une grande (forte) voix
au milieu des bataillons dispersés.
Autant de fois qu'il a jeté les yeux
sur son ennemi ,
et a essayé d'atteindre à la course
la fuite des chevaux aux-pieds-ailés .
autant de fois Juturne
ramena-en-arrière
le char détourné.
Hélas ! que fera-t-il ?
il flotte (est agité) en vain
par un bouillonnement (des mouvements)
et des soucis différents [divers,
appellent son esprit
à des résolutions opposées.
Messape, léger à la course ,
comme par hasard il portait de sa gauche
deux javelots flexibles
garnis-au-bout de fer ,
brandissant contre lui
un de ces deux javelots
le dirige d'un coup certain.
Énée s'est arrêté,
et s'est ramassé sous ses armés,

Poplite subsidens : apicem tamen incita summum
Hasta tulit, summasque excussit vertice cristas.
Tum vero assurgunt iræ, insidiisque subactus,
Diversos ubi sensit equos currumque referri,   495
Multa Jovem et læsi testatus fœderis aras,
Jam tandem invadit medios, et, Marte secundo
Terribilis, sævam nullo discrimine cædem
Suscitat, irarumque omnes effundit habenas.

   Quis mihi nunc tot acerba deus, quis carmine cædes   500
Diversas, obitumque ducum, quos æquore toto
Inque vicem nunc Turnus agit, nunc Troius heros,
Expediat? Tanton' placuit concurrere motu
Jupiter, æterna gentes in pace futuras!

   Æneas Rutulum Sucronem, ea prima ruentes   505
Pugna loco statuit Teucros, haud multa moratus
Excipit in latus, et, qua fata celerrima, crudum
Transadigit costas et crates pectoris ensem.

Le trait, vivement lancé, frappe le cimier de son casque et abat
l'aigrette qui le surmonte. Alors, la colère bouillonne dans le cœur
d'Énée : outré de tant de perfidies, et, voyant que les coursiers et
le char de Turnus l'emportent de plus en plus loin de lui, il prend
mille fois à témoin Jupiter, et les autels garants du traité violé, et,
se précipitant dans la mélée, terrible et secondé de Mars, enveloppe
sans choix, dans un affreux carnage, tout ce qui s'offre à ses coups,
et lâche toutes les rênes à sa fureur.

   Quel dieu, maintenant, me redira tant d'horreurs ? Qui retracera
dans mes vers tant de massacres divers, le trépas de tant d'illustres
chefs qu'immolèrent tour à tour, dans ces plaines, et Turnus et le
héros troyen? O Jupiter! as-tu bien pu permettre cette lutte terrible
entre des nations que devait unir une paix éternelle?

   Énée frappe d'abord le Rutule Socron, et ce premier combat raf-
fermit les Troyens ; il l'atteint dans le flanc et lui plonge son épée
nue dans les côtes, à l'endroit où elles forment un rempart à la poitrine et par où pénètre le plus tôt la mort. Turnus joint à pied **Amy-**

subsidens poplite : — s'affaissant-sur *son* jarret :
tamen hasta incita — cependant la javeline lancée
tulit summum apicem, — enleva le haut du panache,
excussitque vertice — et secoua (fit tomber) du sommet
cristas summas. — l'aigrette *placée* à-la-cime.
Tum vero iræ assurgunt, — Mais alors les colères *d'Énée* s'élèvent,
subactusque insidiis, — et vaincu par les ruses,
ubi sensit equos — dès qu'il remarqua les chevaux
referri diversos — être remportés d'un-autre-côté
currumque, — et le char *aussi*,
testatus multa — ayant pris-à-témoin par beaucoup de *pa*
Jovem — Jupiter   [*roles*
et aras fœderis læsi, — et les autels du traité violé,
jam tandem — déjà enfin
invadit medios, — il envahit le milieu des *guerriers*,
et, terribilis — et, *rendu* terrible
Marte secundo, — par Mars favorable,
suscitat cædem sævam — il suscite (produit) un carnage horrible
nullo discrimine, — sans aucune distinction,
effunditque omnes habenas — et lâche toutes les rênes
irarum. — de *ses* colères.

Quis, quis deus — Quel *dieu*, quel dieu
expediat nunc mihi — dégagera (exposera) maintenant à moi
carmine — dans un chant
tot acerba, — tant d'*événements* cruels,
cædes diversas, — des massacres divers,
obitumque ducum, — et le trépas des chefs,
quos toto æquore — que dans toute la plaine
inque vicem — et tour à tour
nunc Turnus agit, — tantôt Turnus poursuit,
nunc heros Troius ? — tantôt le héros Troyen ?
Placuitne, Jupiter, — A-t-il donc pu plaire *à toi*, Jupiter,
gentes — des nations
futuras in pace æterna — qui devaient être dans un paix éternelle
concurrere — s'entre-heurter
tanto motu ! — avec un si grand mouvement !
Æneas, — Énée,
haud moratus multa, — n'ayant pas tardé beaucoup,
excipit in latus — atteint au flanc
Rutulum Sucronem, — le Rutule Sucron,
ea prima pugna — ce premier combat
statuit loco Teucros — établit (affermit) à *leur* place les Troyens
ruentes, — qui se précipitaient *en fuyant*,
et transadigit costas — et il enfonce-à-travers *ses* côtes
et crates pectoris — et la claie de la poitrine (les côtes)
ensem crudum, — *son* épée nue,
qua fata — par où les destins (la mort)

Turnus equo dejectum Amycum; fratremque Dioren,
Congressus pedes, hunc venientem cuspide longa,   510
Hunc mucrone ferit; curruque abscissa duorum
Suspendit capita, et rorantia sanguine portat.
Ille Talon, Tanaimque neci, fortemque Cethegum;
Tres uno congressu, et mœstum mittit Onyten,
Nomen Echionium ' matrisque genus Peridiæ :   515
Hic fratres Lycia missos et Apollinis agris,
Et juvenem exosum nequidquam bella Menœten
Arcada; piscosæ cui circum flumina Lernæ ²
Ars fuerat, pauperque domus ; nec nota potentum
Limina; conductaque pater tellure serebat.   520
Ac velut immissi diversis partibus ignes
Arentem in silvam et virgulta sonantia lauro ;
Aut ubi decursu rapido de montibus altis
Dant sonitum spumosi amnes; et in æquora currunt,
Quisque suum populatus iter : non segnius ambo   525
Æneas Turnusque ruunt per prælia : nunc, nunc

cus , renversé de son cheval; et son frère Diorès. Celui-ci s'avançait
sur lui; il le frappe de sa longue javeline; il immole l'autre avec
son glaive, leur coupe la tête à tous deux, les promène suspendues à
son char, et les emporte ruisselantes de sang. Énée, du même choc,
immole Talon, Tanaïs; le vaillant Céthégus et le triste Onytès; né
à Thèbes et fils de Péridia. A son tour; Turnus envoie chez les morts
deux frères venus de la Lycie , champs aimés d'Apollon, et le jeune
Arcadien Ménète, que son aversion pour la guerre ne put sauver.
Simple pêcheur, il exerçait son art sur les bords poissonneux de
Lerne. Il habitait une humble cabane; n'avait jamais porté ses pas
sur le seuil des grands, et son père ensemençait des terres qu'un autre
possédait. Telles, venues de divers côtés, les flammes envahissent
une aride forêt; où les lauriers frémissent au souffle des vents; ou
tels, se précipitant avec fracas du haut des monts, deux torrents
écumeux courent dans la plaine, ravagent tout sur leur passage et vont
s'abîmer au sein des mers : avec non moins d'impétuosité; Énée et Turnus s'élancent à travers les combats. C'est maintenant que leur cœur

celerrima.	sont le plus rapides.
Turnus congressus pedes	Turnus en-étant-venu-aux-mains à-pied
ferit Amycum	frappe Amycus
dejectum equo,	jeté-en-bas de son cheval,
fratremque Dioren,	et son frère Diorès,
hunc venientem	il frappe celui-ci qui venait à lui
cuspide longa,	d'une pique longue,
hunc mucrone;	celui-là de son épée;
suspenditque curru	et il suspend à son char
capita abscissa duorum,	les têtes coupées des deux,
et portat rorantia sanguine.	et les emporte dégouttantes de sang.
Ille mittit neci	Celui-là (Énée) envoie à la mort
Talon, Tanaimque	Talon, et Tanaïs
fortemque Cethegum,	et le brave Céthégus;
tres uno congressu,	tous trois d'une seule attaque,
et mœstum Onyten,	et le triste Onytès,
nomen Echionium	de nom Échionien,
genusque Peridiæ matris:	et race (fils) de Péridia sa mère:
hic	celui-ci (Turnus)
fratres missos Lycia	tue des frères envoyés (venus) de Lycie
et agris Apollinis,	et des champs d'Apollon;
et juvenem Menœten	et le jeune Ménète
Arcada	Arcadien
exosum bella nequidquam;	qui haïssait les guerres mais en vain;
cui fuerat ars	à qui avait été une industrie
domusque pauper	et une maison pauvre
circum flumina	autour des courants
Lernæ piscosæ;	de Lerne poissonneuse;
nec limina potentum	et les seuils des puissants (des grands)
nota;	n'étaient pas connus de lui;
paterque serebat	et son père semait
tellure conducta.	dans une terre louée.
Ac velut ignes immissi	Et comme les feux lancés
partibus diversis	de côtés divers
in silvam arentem,	dans une forêt desséchée,
et virgulta	et dans les broussailles
sonantia lauro;	retentissantes par le laurier;
aut ubi amnes spumosi	ou lorsque des fleuves écumeux
dant sonitum	donnent (font entendre) un bruit
decursu rapido	dans leur descente rapide
de altis montibus,	des hautes montagnes,
et currunt in æquora,	et courent dans les plaines,
quisque populatus	chacun ravageant
suum iter:	sa route (les lieux où il passe):
non segnius	non avec-plus-de-mollesse
ambo Æneas Turnusque	les deux chefs Énée et Turnus
ruunt per prœlia:	se précipitent à travers les combats:

Fluctuat ira intus; rumpuntur nescia vinci
Pectora; nunc totis in vulnera viribus itur.
Murranum hic, atavos et avorum antiqua sonantem
Nomina, per regesque actum genus omne Latinos,   530
Præcipitem scopulo atque ingentis turbine saxi
Excutit, effunditque solo : hunc lora et juga subter
Provolvere rotæ; crebro super ungula pulsu
Incita nec domini memorum proculcat equorum.
Ille ruenti Hyllo animisque immane frementi   535
Occurrit, telumque aurata ad tempora torquet :
Olli per galeam fixo stetit hasta cerebro.
Dextera nec tua te, Graium fortissime, Creteu,
Eripuit Turno; nec di texere Cupencum,
Ænea veniente, sui : dedit obvia ferro   540
Pectora, nec misero clypei mora profuit ærei.
Te quoque Laurentes viderunt, Æole, campi
Oppetere, et late terram consternere tergo ;

bouillonne de colère, maintenant que leur âme indomptable ne se possède plus et que leur fureur déchaînée va semant le carnage. Ici Murranus, qui faisait sonner bien haut le nom de ses ancêtres, la gloire
de son antique race et cette longue suite de rois latins dont il était
descendu, est assailli par Énée : du choc d'un énorme quartier de
roche, qui vole en tourbillonnant, il le renverse de son char et l'é-
tend à terre. Murranus, tombé sous le timon, embarrassé dans les
rênes, est emporté par les roues rapides, et ses coursiers, qui ne
connaissent plus leur maître, le foulent mille fois sous leurs pieds.
Turnus voit s'élancer sur lui Hyllus, frémissant d'une immense colère : il marche à sa rencontre, et d'un trait le frappe aux tempes ;
le fer perce le casque d'or et demeure enfoncé dans le cerveau. Et
toi, le plus vaillant des Grecs, ô Crétée, la vigueur de ton bras ne
peut te soustraire à Turnus. Les dieux non plus ne sauvèrent point
Cupence du choc d'Énée, qui plonge son fer dans sa poitrine décou-
verte, sans que le bouclier d'airain retarde d'un moment la mort de
l'infortuné. Et toi aussi, Éole, les champs laurentins t'ont vu suc-
comber et de ton corps immense couvrir au loin la terre : tu tombes,

nunc, nunc	maintenant, maintenant
ira fluctuat intus;	la colère bouillonne au dedans *d'eux;*
pectora nescia vinci	*leurs* cœurs qui-ne-savent être vaincus
rumpuntur;	sont brisés *par sa violence;*
nunc itur	maintenant on va (ils courent)
in vulnera	aux blessures
totis viribus.	de toutes *leurs* forces.
Hic excutit Murranum,	Celui-ci (Énée) abat Murranus,
sonantem atavos	qui-faisait-sonner *haut ses* ancêtres
et nomina antiqua avorum,	et les noms antiques de *ses* aïeux,
omneque genus actum	et toute *sa* race poussée (prolongée)
per reges Latinos,	à travers *une suite de* rois Latins,
præcipitem	*il l'abat* renversé
scopulo	avec une pierre
atque turbine ingentis saxi,	et la rotation (le jet) d'un énorme rocher,
effunditque solo:	et *l'*étend sur le sol:
rotæ provolvere hunc	les roues ont fait-rouler-en-avant lui
subter lora et juga;	sous les rênes et le joug;
super	*et* par-dessus
ungula incita equorum	le sabot lancé de *ses* chevaux
nec memorum domini	ne se-souvenant plus de *leur* maître
proculcat pulsu crebro.	*le* foule d'un choc fréquent.
Ille occurrit	Celui-là (Turnus) se-porte-à-la-rencontre
Hyllo ruenti,	d'Hyllus qui se précipitait,
frementique animis	et qui frémissait dans *son* cœur
immane,	d'une-manière-fougueuse,
torquetque telum	et lance un trait
ad tempora aurata:	à *ses* tempes ornées-d'or:
hasta stetit olli	la javeline s'arrêta à lui
per galeam	en-traversant le casque
cerebro fixo.	dans *sa* cervelle percée.
Nec tua dextera	Et ta droite
eripuit te Turno,	n'arracha pas toi à Turnus,
Creteu, fortissime Graium;	Crétée, le plus brave des Grecs;
nec sui di texere Cupencum,	et ses dieux ne protégèrent pas Cupence,
Ænea veniente:	Énée venant *contre lui:*
dedit pectora	il donna (présenta) *sa* poitrine
obvia ferro,	en-face au fer,
nec mora	et le retard (obstacle)
clypei ærei	de *son* bouclier d'-airain
profuit misero.	ne fut-pas-utile à *lui* malheureux.
Campi Laurentes	Les champs Laurentins
viderunt te quoque	ont vu toi aussi
oppetere,	succomber,
Æolé,	Eole,
et consternere late terram	et joncher (couvrir) au loin la terre
tergo;	de *ton* dos;

Occidis, Argivæ quem non potuere phalanges
Sternere, nec Priami regnorum eversor Achilles;   **545**
Hic tibi mortis erant metæ : domus alta sub Ida,
Lyrnessi domus alta : solo Laurente sepulcrum.
Totæ adeo conversæ acies, omnesque Latini,
Omnes Dardanidæ, Mnestheus, acerque Serestus,
Et Messapus equum domitor, et fortis Asylas,   **550**
Tuscorumque phalanx, Evandrique Arcadis alæ :
Pro se quisque viri summa nituntur opum vi;
Nec mora, nec requies; vasto certamine tendunt.

   Hic mentem Æneæ genitrix pulcherrima misit,
Iret ut ad muros, urbique adverteret agmen   **555**
Ocius, et subita turbaret clade Latinos.
Ille, ut vestigans diversa per agmina Turnum,
Huc atque huc acies circumtulit, adspicit urbem
Immunem tanti belli, atque impune quietam.
Continuo pugnæ accendit majoris imago.   **560**
Mnesthea, Sergestumque vocat, fortemque Serestum,

toi que n'avaient pu abattre ni les phalanges des Grecs, ni Achille,
qui renversa l'empire de Priam. C'est ici qu'étaient pour toi les
bornes de la vie. Tu avais un palais superbe au pied du mont Ida, un
palais superbe dans Lyrnessé, et ta tombe est aux champs de Laurente. Les deux armées s'ébranlent; tous les Troyens, tous les Latins, et Mnesthée, et le bouillant Séreste, et Messape le dompteur
de coursiers, et l'intrépide Asylas, et les phalanges toscanes, et les
escadrons arcadiens d'Évandre, tous se précipitent, tous déploient
à l'envi leurs forces, leur courage. Point de trêve, point de relâche :
sur tous les points s'engage une lutte terrible.

   En ce moment, la mère d'Énée, la belle Vénus, inspire à son fils
de marcher vers les remparts, d'approcher rapidement ses troupes
de Laurente et de troubler les Latins par une attaque imprévue.
Tandis que le héros, cherchant Turnus à travers la mêlée, porte çà
et là ses regards, il voit la ville exempte des horreurs de la guerre
et seule impunément tranquille. Soudain il s'enflamme à l'image
d'un plus beau triomphe. Il appelle les chefs de ses guerriers,
Mnesthée, Sergeste et l'intrépide Séreste; en même temps il se place

occidis,

tu tombes,

quem non potuere sternere

toi que n'ont pu abattre

phalanges Argivæ,

les phalanges d'-Argos,

nec Achilles

ni Achille

eversor regnorum Priami ;

destructeur du royaume de Priam ;

hic erant tibi

ici étaient pour toi

metæ mortis :

les bornes de la mort :

domus alta sub Ida,

une demeure élevée *était à toi* sous l'Ida ;

domus alta Lyrnessi :

une demeure élevée à Lyrnesse :

sepulcrum solo Laurente.

ton tombeau *est* sur le sol Laurentin.

Adeo totæ acies

Absolument tous les rangs

conversæ,

sont tournés *au combat*,

omnesque Latini,

et tous les Latins,

omnes Dardanidæ,

et tous les descendants-de-Dardanus ;

Mnestheus,

Mnesthée,

acerque Serestus,

et l'impétueux Séreste,

et Messapus

et Messape

domitor equum,

dompteur de chevaux,

et fortis Asylas,

et le courageux Asylas,

phalanxque Tuscorum,

et la phalange des Toscans,

alæque Arcades

et les ailes (escadrons) Arcadiens

Evandri :

d'Evandre :

viri nituntur

les guerriers font-effort

summa vi

de la plus grande vigueur

opum,

de *leurs* ressources,

quisque pro se ;

chacun selon soi (autant qu'il peut) ;

nec mora, nec requies ;

ni retard, ni repos ;

tendunt vasto certamine.

ils luttent dans un vaste combat.

Hic genitrix pulcherrima

Alors sa mère très-belle

misit Æneæ mentem,

envoya à Énée la pensée,

ut iret ad muros,

qu'il marchât vers les murs,

adverteretque ocius

et qu'il tournât au plus tôt

agmen urbi,

sa troupe vers la ville,

et turbaret Latinos

et qu'il troublât les Latins

clade subita.

par un désastre soudain :

Ille, ut vestigans Turnum

Celui-ci, comme cherchant Turnus

per agmina diversa,

à travers les bataillons de-divers-côtés,

circumtulit acies

il a porté-tout-autour *ses* yeux

huc atque huc,

ici et là,

adspicit urbem

aperçoit la ville

immunem tanti belli,

à-l'abri d'une si grande guerre

atque impune quietam.

et impunément tranquille.

Continuo imago

Aussitôt l'image

pugnæ majoris

d'un combat plus grand

accendit.

l'enflamme.

Vocat Mnesthea,

Il appelle Mnesthée,

Sergestumque,

et Sergeste,

Ductores ; tumulumque capit, quo cetera Teucrum
Concurrit legio ; nec scuta aut spicula densi
Deponunt ; celso medius stans aggere fatur :
« Ne qua meis esto dictis mora ; Jupiter hac stat :   565
Neu quis ob inceptum subitum mihi segnior ito.
Urbem hodie, causam belli, regna ipsa Latini,
Ni frenum accipere et victi parere fatentur,
Eruam, et æqua solo fumantia culmina ponam.
Scilicet exspectem, libeat dum prælia Turno   570
Nostra pati, rursusque velit concurrere victus?
Hoc caput, o cives, hæc belli summa nefandi.
Ferte faces propere, fœdusque reposcite flammis. »
   Dixerat ; atque animis pariter certantibus omnes
Dant cuneum, densaque ad muros mole feruntur.   575
Scalæ improviso, subitusque apparuit ignis :
Discurrunt alii ad portas, primosque trucidant ;
Ferrum alii torquent, et obumbrant æthera telis.

sur une éminence où se rend en foule le reste de l'armée, sans quitter ses boucliers ni ses javelots. Alors, du haut du tertre, debout
au milieu d'eux, il leur parle ainsi : « Que mes ordres s'exécutent
sans délai! Jupiter est pour nous ; que mon projet, quelque inat-
tendu qu'il soit, ne trouve aucun de vous lent à le seconder ! Aujourd'hui même cette ville, la cause de la guerre, ce siége de l'empire de Latinus, si elle refuse d'obéir, d'accepter le joug du
vainqueur, je la renverserai, et j'abaisserai au niveau du sol ses
toits fumants. Quoi donc! j'attendrai qu'il plaise à Turnus d'accepter
mon défi, et que, vaincu, il veuille renouveler le combat? Compagnons,
voilà le sujet, voilà la source de cette guerre abominable! Armez-
vous promptement de torches ardentes, et, la flamme à la main, réclamez la foi des traités. »
   Il avait dit : tous ses guerriers, rivalisant d'ardeur, se forment en
colonnes et s'avancent vers les murailles. Soudain les échelles sont
dressées, soudain les feux ont relui. Les uns courent aux portes et
massacrent les gardes; d'autres lancent le fer, et les airs sont obs-
curcis d'une grêle de traits. Énée, au premier rang, les mains éten-

ortemque Serestum,
ductores;
capitque tumulum,
quo cetera legio Teucrum
concurrit;
nec densi deponunt
scuta aut spicula;
stans medius
aggere celso
fatur :
« Ne qua mora esto
meis dictis;
Jupiter stat hac :
neu quis ito mihi
segnior
ob inceptum subitum.
Hodie eruam urbem,
causam belli,
regna ipsa Latini,
ni fatentur
accipere frenum
et parere victi,
et ponam culmina fumantia
æqua solo.
Scilicet exspectem
dum libeat Turno
pati prælia nostra,
velitque victus
concurrere rursus?
Hoc caput, o cives,
hæc summa
belli nefandi.
Ferte propere faces,
reposciteque fœdus
flammis. »
    Dixerat;
atque omnes
animis certantibus pariter
dant cuneum,
ferunturque ad muros
mole densa.
Scalæ improviso,
ignisque apparuit subitus:
alii discurrunt
ad portas,
trucidantque primos;
alii torquent ferrum,

et le brave Séreste,
chefs *des Troyens;*
et il occupe une éminence,
où le reste de l'armée des Troyens
accourt;
et serrés ils ne déposent pas
leurs boucliers ou (ni) *leurs* javelots;
se tenant-debout *placé* au-milieu
sur l'éminence élevée
il dit :
« Que quelque retard ne soit pas
à mes paroles;
Jupiter se tient par ici (de notre côté) :
ou (et) que quelqu'un n'aille pas à moi
plus lent
à cause de l'entreprise subite.
Aujourd'hui je renverserai la ville,
cause de la guerre,
le royaume même de Latinus,
s'ils n'avouent pas (ne consentent pas à)
recevoir le frein
et obéir étant vaincus,
et je placerai les faîtes fumants
égaux au sol.
Sans doute j'attendrais
jusqu'à ce qu'il plaise à Turnus
de subir le combat nôtre (avec nous),
et qu'il veuille ayant été vaincu
lutter de nouveau?
C'*est là* la tête, ô citoyens,
c'*est là* le point-important
de *cette* guerre abominable.
Apportez promptement des torches,
et réclamez le traité
avec des flammes. »
    Il avait dit;
et tous
avec des courages rivalisant pareillement
donnent (font) un coin,
et se portent vers les murs
en masse serrée.
Des échelles *apparurent* à l'improviste,
et le feu apparut subit (tout à coup):
d'autres courent-de-divers-côtés
aux portes,
et tuent les premiers *gardiens;*
d'autres lancent le fer,

Ipse inter primos dextram sub mœnia tendit
Æneas, magnaque incusat voce Latinum;   590
Testaturque deos, iterum se ad prælia cogi,
Bis jam Italos hostes, hæc altera fœdera rumpi[1].
Exoritur trepidos inter discordia cives:
Urbem alii reserare jubent et pandere portas
Dardanidis, ipsumque trahunt in mœnia regem;   585
Arma ferunt alii, et pergunt defendere muros.
Inclusas ut quum latebroso in pumice pastor
Vestigavit apes, fumoque implevit amaro,
Illæ intus trepidæ rerum per cerea castra
Discurrunt, magnisque acuunt stridoribus iras;   590
Volvitur ater odor tectis; tum murmure cæco
Intus saxa sonant; vacuas it fumus ad auras.
  Accidit hæc fessis etiam fortuna Latinis,
Quæ totam luctu concussit funditus urbem.
Regina ut tectis venientem prospicit hostem,   595
Incessi muros, ignes ad tecta volare;

dues vers la ville, accuse à haute voix Latinus, atteste les dieux
qu'il est contraint une seconde fois à combattre; que pour la seconde
fois les Latins le provoquent; que deux fois ils ont violé les traités.
Alors la discorde éclate parmi les habitants de Laurente. Ceux-ci
veulent que les portes soient livrées, qu'on ouvre la ville aux
Troyens; ils entraînent le roi lui-même sur les tours; ceux-là, les
armes à la main, persistent à défendre leurs murailles. Ainsi, lorsqu'un berger a découvert des abeilles dans le creux d'une roche et
qu'il l'a rempli d'une fumée importune, celles-ci, qu'alarme le péril
commun, courent çà et là au sein de leurs remparts de cire, et par
de longs bourdonnements excitent leur colère. Une noire vapeur roule
sous leurs toits, où retentit un sourd murmure, et la fumée s'é-
chappe dans le vague des airs.
  Aux maux dont gémissent les Latins vient se joindre un nouveau
malheur qui frappe la ville entière d'un deuil profond. La reine a vu
de son palais l'ennemi s'approcher, assaillir les remparts; elle a vu
les feux voler sur les toits, et nulle part ne se montrent, pour les

et obumbrant æthera telis.	et obscurcissent l'air de *leurs* traits.
Æneas ipse inter primos	Énée lui-même parmi les premiers
tendit dextram sub mœnia,	tend *sa* droite sous les remparts,
incusatque Latinum	et accuse Latinus
magna voce;	d'une grande (forte) voix;
testaturque deos,	et il prend-à-témoin les dieux,
se cogi iterum	lui être forcé une-seconde-fois
ad prælia;	aux combats;
Italos jam bis hostes,	les Italiens *être* déjà deux-fois ennemis,
hæc fœdera altera rumpi.	ce traité le second être rompu.
Discordia exoritur	La discorde s'élève
inter cives trepidos :	entre les citoyens tremblants :
alii jubent reserare urbem	les uns ordonnent d'ouvrir la ville
et pandere portas	et d'ouvrir les portes
Dardanidis,	aux descendants-de-Dardanus,
trahuntque in mœnia	et entraînent vers les remparts
regem ipsum ;	le roi lui-même ;
alii ferunt arma,	d'autres apportent des armes,
et pergunt	et continuent
defendere muros.	à défendre les murs.
Ut quum pastor	Comme lorsqu'un pasteur
vestigavit apes	a découvert des abeilles
inclusas	enfermées
in pumice latebroso,	dans une roche à-retraites,
implevitque fumo amaro,	et *les* a remplies d'une fumée amère,
illæ intus	celles-ci au dedans
trepidæ rerum	tremblantes pour *leurs* affaires
discurrunt	courent-çà-et-là
per castra cerea,	dans *leur* camp de-cire,
acuuntque iras	et aiguisent *leurs* colères
magnis stridoribus ;	par de grands bourdonnements ;
odor ater	une odeur noire (de fumée noire)
volvitur tectis;	se roule (se répand) dans *leur* demeure;
tum saxa sonant intus	puis les rochers retentissent au dedans
murmure cæco;	d'un murmure sourd ;
fumus it	la fumée va (s'élève)
ad auras vacuas.	vers (dans) les airs vides.
Hæc fortuna	Cette fortune (ce malheur)
accidit etiam	arriva en outre
Latinis fessis,	aux Latins abattus,
quæ concussit funditus	qui ébranla jusqu'au fond
totam urbem luctu.	toute la ville par le deuil.
Ut regina	Dès que la reine
prospicit tectis	aperçoit-depuis *son* palais
hostem venientem,	l'ennemi s'approchant,
muros incessi,	les murs être assaillis,
ignes volare ad tecta ;	les feux voler vers les toits;

Nusquam acies contra Rutulas, nulla agmina Turni ;
Infelix pugnæ juvenem in certamine credit
Exstinctum ; et, subito mentem turbata dolore,
Se causam clamat, crimenque, caputque malorum ;   600
Multaque per mœstum dèmens effata furorem,
Purpureos moritura manu discindit amictus,
Et nodum informis leti trabe nectit ab alta.
Quam cladem miseræ postquam accepere Latinæ,
Filia prima manu flavos Lavinia crines   605
Et roseas laniata genas ; tum cetera circum
Turba furit : resonant late plangoribus ædes.
Hinc totam infelix vulgatur fama per urbem :
Demittunt mentes ; it scissa veste Latinus,
Conjugis attonitus fatis urbisque ruina,   610
Canitiem immundo perfusam pulvere turpans :
Multaque se incusat, qui non acceperit ante
Dardanium Ænean, generumque adsciverit ultro.

défendre, les bataillons rutules, les phalanges de Turnus. L'infortunée croit que le jeune guerrier a perdu la vie dans les combats, et tout à coup, la douleur égarant sa raison, elle s'accuse, elle s'écrie qu'elle est la cause, qu'elle est la source de tant de maux, qu'elle seule est coupable. Longtemps son désespoir s'exhale en discours où son délire éclate ; résolue à mourir, elle déchire de ses mains ses vêtements de pourpre ; enfin elle suspend à une poutre élevée du palais le lien qui termine ignominieusement sa vie. Les malheureuses femmes des Latins sont bientôt instruites de cette horrible catastrophe. La jeune Lavinie, la première, arrache ses blonds cheveux et meurtrit de ses mains ses joues de roses ; autour d'elle, toute la troupe de ses compagnes s'abandonne au désespoir. Le palais retentit au loin de lugubres gémissements. De là cette funeste nouvelle se répand dans toute la ville. Les esprits sont abattus ; Latinus, accablé de la fin tragique de son épouse, de la ruine de sa capitale, déchire ses vêtements, souille ses cheveux blancs d'une immonde poussière, et s'accuse mille fois de n'avoir pas accueilli plus tôt le héros dardanien et de ne l'avoir pas adopté pour gendre.

nusquam contra	nulle part de l'autre côté
acies Rutulas,	les troupes Rutules,
nulla agmina Turni;	aucuns bataillons de Turnus;
infelix credit juvenem	la malheureuse croit le jeune-homme
exstinctum	*avoir été* tué
in certamine pugnæ;	dans la lutte du combat;
et, turbata mentem	et, troublée dans *son* esprit
dolore subito,	par une douleur subite,
clamat se causam,	elle crie elle *être* la cause,
crimenque,	et le crime (le coupable),
caputque malorum;	et la tête (source) des malheurs;
demensque	et insensée
effata multa	ayant dit beaucoup de choses
per mœstum furorem,	à travers *son* triste égarement,
moritura	devant (voulant) mourir
discindit manu	elle déchire de *sa* main
amictus purpureos,	*ses* vêtements de-pourpre,
et nectit a trabe alta	et attache à une poutre élevée
nodum	le nœud
leti informis.	*instrument* d'une mort hideuse.
Postquam miseræ Latinæ	Après que les malheureuses Latines
accepere quam cladem,	eurent appris ce malheur,
Lavinia filia prima	Lavinie *sa* fille la première
laniata manu	déchirée par *sa propre* main
flavos crines	quant à *ses* blonds cheveux
et genas roseas;	et *ses* joues de-rose;
tum cetera turba	puis le reste de la foule
furit circum :	entre-en-fureur autour d'elle :
ædes	la demeure
resonant late plangoribus.	retentit au loin de cris.
Hinc fama infelix	De là la renommée malheureuse (de ce
vulgatur per totam urbem :	se répand dans toute la ville : [malheur)
demittunt	*les Laurentins* laissent-abattre
mentes;	*leurs* esprits;
Latinus it	Latinus s'avance
veste scissa,	avec *sa* robe déchirée,
attonitus fatis conjugis,	accablé des destinées de *son* épouse,
ruinaque urbis,	et de la ruine de *sa* ville,
turpans canitiem	souillant *sa* chevelure-blanche
perfusam	couverte
pulvere immundo :	d'une poussière immonde:
seque incusat multa,	et il s'accuse beaucoup,
qui non acceperit	*lui* qui n'avait (pour n'avoir) pas reçu
ante	auparavant
Æneam Dardanium,	*Énée le Dardanien,*
adsciveritque	et n'avait (n'avoir) pas adopté *lui*
generum ultro.	*pour* gendre spontanément.

Interea extremo bellator in æquore Turnus
Palantes sequitur paucos, jam segnior, atque   645
Jam minus atque minus successu lætus equorum.
Attulit hunc illi cæcis terroribus aura
Commixtum clamorem, arrectasque impulit aures
Confusæ sonus urbis et illætabile murmur.
« Hei mihi! quid tanto turbantur mœnia luctu ?   620
Quisve ruit tantus diversa clamor ab urbe ? »
Sic ait, adductisque amens subsistit habenis.
Atque huic, in faciem soror ut conversa Metisci
Aurigæ currumque et equos et lora regebat,
Talibus occurrit dictis : « Hac, Turne, sequamur   625
Trojugenas, qua prima viam victoria pandit.
Sunt alii qui tecta manu defendere possint.
Ingruit Æneas Italis, et prælia miscet,
Et nos sæva manu mittamus funera Teucris.
Nec numero inferior, pugnæ nec honore recedes. »   630

Cependant Turnus, à l'extrémité de la plaine, poursuivait quel-
ques ennemis épars ; mais déjà son ardeur se ralentit, et il ne voit
plus avec la même joie la vitesse de ses coursiers. Tout à coup les
vents apportent jusqu'à lui les cris tumultueux d'une sombre épouvante ; le murmure douloureux, le sinistre bruissement de la ville en
désordre résonnent à son oreille attentive. « Hélas ! s'écrie-t-il, quel
horrible désastre trouble encore nos remparts ? Quelles lamentables
clameurs s'élèvent de tous les points de Laurente ? » Il dit, et, rame-
nant à lui les rênes de ses coursiers, il s'arrête éperdu. Sa sœur, qui,
sous les traits de Métisque, gouvernait le char, les chevaux et les
guides, le prévient et lui dit : « C'est par ici, Turnus, qu'il faut
poursuivre les Troyens : suivons la route que nous ouvre la victoire.
Il est d'autres guerriers dont le bras saura défendre nos remparts.
Énée charge les Italiens et partout engage la mêlée : eh bien ! nous
aussi, d'une main impitoyable, portons la terreur et la mort dans les
rangs des Troyens. Ce combat ne te promet ni moins de victimes, ni

Interea bellator Turnus
in extremo æquore
sequitur paucos
palantes,
jam segnior,
atque lætus
jam minus atque minus
successu equorum.
Aura attulit illi
hunc clamorem
commixtum
terroribus cæcis,
sonusque
et murmur illætabile
urbis confusæ
impulit aures arrectas.
« Hei mihi !
quid mœnia turbantur
tanto luctu ?
quisve clamor tantus
ruit ab urbe
diversa ? »
Ait sic,
subsistitque amens
habenis adductis.
Atque soror,
ut conversa in faciem
Metisci aurigæ
regebat currumque
et equos et lora,
occurrit huic
talibus dictis :
« Sequamur Trojugenas
hac, Turne,
qua victoria prima
pandit viam ;
sunt alii
qui possint defendere manu
tecta,
Æneas ingruit Italis,
et miscet prælia ;
et nos
mittamus manu Teucris
funera sæva,
Recedes inferior
nec numero,
nec honore pugnæ. »

Cependant le guerrier Turnus
à l'extrémité de la plaine
poursuit un-petit-nombre d'*ennemis*
errant-çà-et-là,
déjà plus ralenti,
et joyeux
déjà moins et moins (de moins en moins)
de la vitesse de *ses* chevaux.
La brise apporta à lui
cette clameur
mêlée
de terreurs obscures,
et le bruit
et le murmure non-joyeux (lamentable)
de la ville en-désordre
frappa *ses* oreilles dressées (attentives).
« Hélas à moi !
pourquoi les remparts sont-ils troublés
par un si grand deuil ?
ou quelle clameur si grande
se précipite (sort) de la ville
de-divers-côtés ? »
Il dit ainsi,
et il s'arrête éperdu
les rênes étant ramenées-vers *lui*.
Et *sa* sœur,
comme changée en le visage
de Métisque le cocher
elle dirigeait et le char
et les chevaux et les rênes,
vient-au-devant de lui (le prévient)
avec de telles paroles :
« Poursuivons les Troyens
par ici, Turnus,
par où la victoire la première
nous ouvre une route ;
il *en* est d'autres
qui pourront défendre avec *leur* main
les habitations (la ville).
Énée fond-sur les Italiens,
et mêle (engage) des combats ;
nous aussi
envoyons de *notre* main aux Troyens
des morts cruelles.
Tu ne te retireras inférieur
ni par le nombre *de tes victimes*,
ni par l'honneur du combat. »

Turnus ad hæc :

« O soror, et dudum agnovi, quum prima per artem
Fœdera turbasti, teque hæc in bella dedisti ;
Et nunc nequidquam fallis dea. Sed quis Olympo
Demissam tantos voluit te ferre labores?   635
An fratris miseri letum ut crudele videres?
Nam quid ago? aut quæ jam spondet fortuna salutem?
Vidi oculos ante ipse meos me voce vocantem
Murranum, quo non superat mihi carior alter,
Oppetere, ingentem, atque ingenti vulnere victum.   640
Occidit infelix, ne nostrum dedecus Ufens
Adspiceret; Troes potiuntur corpore et armis.
Exscindine domos, id rebus defuit unum,
Perpetiar? dextra nec Drancis dicta refellam?
Terga dabo, et Turnum fugientem hæc terra videbit?   645
Usque adeone mori miserum est? Vos o mihi, Manes,
Este boni, quoniam superis aversa voluntas.

moins de gloire. » Turnus lui répond : « O ma sœur, je t'ai reconnue dès l'instant où, par ton artifice, tu as rompu le premier traité ;
où tu es venue te mêler à nos sanglants combats. Déesse, sous ces
traits empruntés, tu voudrais en vain tromper mes yeux. Mais par
quel ordre es-tu descendue de l'Olympe pour prendre part à de si
grands travaux? Est-ce pour voir mourir d'une mort cruelle ton malheureux frère? Car, enfin, que puis-je encore? et quel espoir de salut
la fortune peut-elle me laisser? J'ai vu tomber devant moi et m'appelant de sa voix expirante, Murranus, le plus cher des amis qui
me restaient; grand guerrier vaincu par un grand coup. Le malheureux Ufens a cherché la mort pour n'être pas témoin de mon déshonneur : son corps et ses armes sont restés au pouvoir des Troyens.
Souffrirai-je, cela seul manque à notre ignominie, souffrirai-je que
l'on détruise nos foyers, et mon bras ne donnera-t-il pas un démenti
à Drancès? Moi, je reculerais, et cette terre verrait Turnus prendre
la fuite! Est-il donc si triste de mourir? O vous, dieux Mânes,
soyez-moi propices, puisque les dieux d'en haut se sont détournés

Turnus ad hæc :
« O soror,
et agnovi dudum,
quum prima per artem
turbasti fœdera,
teque dedisti in hæc bella ;
et nunc dea
fallis nequidquam.
Sed quis voluit
te demissam Olympo
ferre tantos labores ?
An ut videres
letum crudele
miseri fratris ?
Nam quid ago ?
aut quæ fortuna jam
spondet salutem ?
Vidi ipse ante meos oculos,
vocantem me voce,
oppetere Murranum,
quo
alter carior
non superat mihi,
ingentem,
atque victum
ingenti vulnere.
Infelix Ufens occidit,
ne adspiceret
nostrum dedecus ;
Troes
potiuntur corpore
et armis.
Perpetiarne,
id unum
defuit rebus,
domos exscindi ?
nec refellam dextra
dicta Drancis ?
dabo terga,
et hæc terra
videbit Turnum fugientem ?
Usque adeone
mori est miseram ?
Vos, o manes,
este boni mihi,
quoniam voluntas
aversa

Turnus *répond* à ces *mots* :
« O *ma* sœur,
et je *t'*ai reconnue depuis longtemps,
quand la première par *ton* artifice
tu as troublé le traité,
et t'es donnée (jetée) dans ces guerres ;
et maintenant *toi* déesse
tu *me* trompes (veux me tromper) en vain.
Mais qui a voulu
toi descendue de l'Olympe
supporter de si grands travaux ?
Était-ce pour que tu visses
la mort cruelle
de *ton* malheureux frère ?
car que fais-je (que puis-je faire) ?
ou quelle fortune désormais
me promet le salut ?
J'ai vu moi-même devant mes yeux,
appelant moi de *sa* voix,
tomber Murranus,
en comparaison duquel
un autre plus cher
ne reste pas à moi,
je l'ai vu tomber grand,
et vaincu
par une grande blessure.
Le malheureux Ufens a succombé,
pour qu'il ne vît pas
notre déshonneur ;
les Troyens
sont-en-possession de *son* corps
et de *ses* armes.
Est-ce que je souffrirai-jusqu'au-bout,
cela seul
a manqué à *nos* affaires (malheurs),
nos demeures être détruites ?
et je ne réfuterai pas avec *ma* droite
les paroles de Drancès ?
je donnerai (tournerai) le dos,
et cette terre
verra Turnus fuyant ?
Jusqu'à quel point donc
mourir est-il une chose malheureuse ?
Vous, ô manes,
soyez bons (propices) pour moi,
puisque la bonne-volonté
est détournée *de moi*

Sancta ad vos anima, atque istius inscia culpæ
Descendam, magnorum haud unquam indignus avorum. »
    Vix ea fatus erat; medios volat ecce per hostes   650
Vectus equo spumante Saces, adversa sagitta
Saucius ora, ruitque implorans nomine Turnum :
« Turne, in te suprema salus; miserere tuorum.
Fulminat Æneas armis, summasque minatur
Dejecturum arces Italum excidioque daturum;   655
Jamque faces ad tecta volant : in te ora Latini,
In te oculos referunt; mussat rex ipse Latinus,
Quos generos vocet, aut quæ sese ad fœdera flectat.
Præterea regina, tui fidissima, dextra
Occidit ipsa sua, lucemque exterrita fugit.   660
Soli pro portis Messapus et acer Atinas
Sustentant aciem; circum hos utrinque phalanges
Stant densæ, strictisque seges mucronibus horret
Ferrea : tu currum deserto in gramine versas ! »
Obstupuit varia confusus imagine rerum   665

de moi ! Mon âme descendra vers vous pure, étrangère à toute lâcheté et toujours digne de mes nobles aïeux. »

    A peine il achève, voilà que tout à coup Sacès, blessé d'une flèche au visage, accourt à travers les rangs ennemis sur un coursier blanchi d'écume; il se précipite vers Turnus, l'appelle par son nom et l'implore : « Turnus, s'écrie-t-il, tu es notre dernier espoir; prends pitié des tiens. Énée foudroie nos remparts; il menace de renverser les citadelles de l'Italie, de les ruiner jusqu'en leurs fondements. Déjà les torches ardentes volent sur nos demeures : c'est toi que les Latins appellent, toi que cherchent partout leurs regards. Le roi Latinus lui-même hésite dans le choix d'un gendre, et ne sait à quelle alliance il doit incliner. Bien plus, la reine, ton fidèle appui, s'est donné la mort de ses mains; épouvantée, elle a fui la lumière. Messape et le vaillant Atinas soutiennent seuls le combat devant les portes de la ville : autour d'eux se pressent d'épaisses phalanges troyennes, autour d'eux se dresse une moisson de fer et de glaives nus; et toi, tu promènes ton char dans cette plaine déserte ! » Frappé des sinistres images de tant de malheurs, Turnus reste immobile et

superis.
Descendam ad vos
anima sancta,
atque inscia
istius culpæ,
haud unquam indignus
magnorum avorum. »
    Vix fatus erat ea ;
ecce Saces
vectus equo spumante
volat per medios hostes,
saucius sagitta
ora adversa,
ruitque
implorans Turnum
nomine :
« Turne,
salus suprema
in te ;
miserere tuorum.
Æneas fulminat armis,
minaturque dejecturum
daturumque excidio
summas arces Italum ;
jamque faces
volant ad tecta :
Latini referunt in te ora,
in te oculos ;
rex Latinus ipse mussat,
quos vocet generos,
aut ad quæ fœdera
sese flectat.
Præterea regina,
fidissima tui,
occidit ipsa sua dextra,
exterritaque fugit lucem.
Messapus et acer Atinas
pro portis
soli sustentant aciem ;
circum hos utrinque
stant phalanges densæ,
segesque ferrea horret
mucronibus strictis :
tu versas currum
in gramine deserto ! »
Turnus obstupuit
confusus

chez les *dieux* d'en-haut.
Je descendrai vers vous
âme sainte,
et ignorante (innocente)
de cette faute (la lâcheté),
moi qui ne *fus* jamais indigne
de *mes* grands aïeux. »
    A peine il avait dit ces *mots*,
voilà que Sacès -
porté sur un cheval écumant
vole à travers le milieu des ennemis,
blessé d'une flèche
à *son* visage *atteint* par-devant,
et il se précipite
implorant Turnus
par *son* nom :
« Turnus,
notre salut suprême (dernier espoir de sa-
est en toi ;   [lut)
aie-pitié des tiens.
Énée lance-la-foudre avec *ses* armes,
et dit-avec-menace *lui* devoir abattre
et devoir donner à la ruine
les plus hautes citadelles des Italiens ;
et déjà les torches
volent vers les toits :
les Latins reportent vers toi *leurs* visages,
reportent vers toi *leurs* yeux (regards) ;
le roi Latinus lui même hésite,
lesquels il doit appeler *pour* gendres,
ou vers quelles alliances
il doit se fléchir (incliner).
De plus la reine,
très-dévouée à toi,
est tombée (morte) elle-même par sa droite,
et épouvantée a fui la lumière.
Messape et le bouillant Atinas
au-devant des portes
seuls soutiennent le combat ;
autour d'eux des deux côtés
se tiennent des phalanges serrées,
et une moisson de-fer se hérisse
les épées étant serrées (tirées) :
toi tu promènes *ton* char
sur un gazon désert ! »
Turnus fut frappé-d'immobilité
bouleversé

Turnus, et obtutu tacito stetit : æstuat ingens
Imo in corde pudor, mixtoque insania luctu,
Et furiis agitatus amor, et conscia virtus.

Ut primum discussæ umbræ, et lux reddita menti,
Ardentes oculorum orbes ad mœnia torsit   670
Turbidus, eque rotis magnam respexit ad urbem.
Ecce autem flammis, inter tabulata volutus,
Ad cœlum undabat vortex turrimque tenebat,
Turrim, compactis trabibus quam eduxerat ipse,
Subdideratque rotas, pontesque instraverat altos.   675
« Jam jam fata, soror, superant : absiste morari :
Quo deus et quo dura vocat fortuna, sequamur.
Stat conferre manum Æneæ, stat quidquid acerbi est
Morte pati; nec me indecorem, germana, videbis
Amplius : hunc, oro, sine me furere ante furorem. »   680
Dixit, et e curru saltum dedit ocius arvis;
Perque hostes, per tela ruit, mœstamque sororem

garde un morne silence. Dans son cœur bouillonnent à la fois la
honte, l'aveugle désespoir, l'amour furieux et le fier sentiment de
sa valeur.

Dès que la nuit sombre répandue sur son âme commence à se dis-
siper, et qu'un rayon de lumière vient éclairer son esprit, il tourne
en frémissant vers les murs de Laurente des yeux étincelants, et,
du haut de son char, il regarde cette grande cité. En ce moment un
tourbillon de flammes ondoyantes s'élevait jusqu'aux cieux, roulant
d'étage en étage le long d'une tour qu'il avait lui-même construite,
vaste assemblage de charpente assis sur des roues mobiles, et garni
de ponts qui le joignaient aux remparts. « C'en est fait, ma sœur,
dit-il : les destins l'emportent; cesse de me retenir. Je cours où
m'appellent les dieux et le sort impitoyable. Je suis résolu à combattre Énée et à subir tout ce que la mort a de plus affreux. Tu ne
me verras pas plus longtemps déshonoré. Mais, ô ma sœur, je t'en
conjure, laisse-moi, avant de mourir, donner cours à toute ma
rage. » Il dit, et, d'un bond s'élançant de son char dans la plaine,
il se jette à travers les ennemis et les traits, laissant sa sœur déso-

imagine varia rerum,	par l'image diverse des choses,
et stetit	et se tint *à sa place*
obtutu tacito :	dans une contemplation-fixe silencieuse :
ingens pudor	une immense honte
æstuat in imo corde,	bouillonne dans le fond de *son* cœur,
insaniaque	et la démence
luctu mixto,	avec la douleur mêlée (qui s'y mêle)
et amor agitatus furiis,	et l'amour agité par les furies,
et virtus conscia.	et le courage qui-a-conscience *de lui-même.*
Ut primum	Dès que d'abord (aussitôt que)
umbræ discussæ,	les ombres *furent* dissipées,
et lux reddita menti,	et la lumière rendue à *son* esprit,
turbidus torsit ad mœnia	troublé il tourna vers les murs
orbes ardentes oculorum,	les globes ardents de *ses* yeux,
eque rotis	et depuis les roues *de son char*
respexit ad magnam urbem.	regarda vers la grande ville.
Ecce autem	Mais voilà que
vortex volutus flammis	un tourbillon se roulant avec des flammes
inter tabulata	entre les étages
undabat ad cœlum,	ondoyait vers le ciel,
tenebatque turrim,	et tenait (enveloppait) une tour,
turrim, quam ipse eduxerat	une tour, que lui-même avait élevée
trabibus compactis,	avec des poutres assemblées,
subdideratque rotas,	et avait placé-dessous des roues,
instraveratque pontes altos.	et avait étendu des ponts élevés.
« Jam jam, soror,	« Dès à présent, *ma* sœur,
fata superant :	les destins l'emportent :
absiste morari :	cesse de *me* retarder :
sequamur quo deus	suivons (allons) où un dieu
et quo dura fortuna vocat.	et où la dure fortune *nous* appelle.
Stat	Il est-résolu *par moi*
conferre manum Æneæ,	d'engager la main (combattre) avec Énée,
stat	il est-résolu *par moi*
pati morte	de souffrir par la mort
quidquid est acerbi ;	tout ce qu'il y a de cruel ;
nec videbis me	et tu ne verras pas moi
indecorem amplius,	déshonoré plus longtemps,
germana :	*ô ma* sœur :
sine me, oro,	permets-moi, je *t'en* prie,
ante	avant *de mourir*
furere	de me-livrer-à-*ma*-fureur
hunc furorem. »	par cette fureur *qui me transporte.* »
Dixit,	Il dit,
et ocius dedit saltum	et aussitôt donna (fit) un saut
e curru arvis ;	*de son char dans les champs (la plaine) ;*
ruitque per hostes,	et il se précipite à travers les ennemis,
per tela,	à travers les traits,

4.

Deserit, ac rapido cursu media agmina rumpit.
Ac veluti, montis saxum de vertice præceps
Quum ruit avulsum vento, seu turbidus imber   685
Proluit, aut annis solvit sublapsa vetustas;
Fertur in abruptum magno mons improbus actu,
Exultatque solo, silvas, armenta, virosque
Involvens secum : disjecta per agmina Turnus
Sic urbis ruit ad muros, ubi plurima fuso   690
Sanguine terra madet, striduntque hastilibus auræ;
Significatque manu, et magno simul incipit ore :
« Parcite jam, Rutuli ; et vos, tela inhibete, Latini :
Quæcumque est fortuna, mea est; me verius unum
Pro vobis fœdus luere, et decernere ferro. »   695
Discessere omnes medii, spatiumque dedere.

  At pater Æneas, audito nomine Turni,
Deserit et muros, et summas deserit arces;
Præcipitatque moras omnes; opera omnia rumpit,

lée, et dans sa course rapide il rompt les épais bataillons. Ainsi, du
sommet des monts escarpés, tombe et se précipite un roc arraché
par les vents ou détaché par les pluies d'orage, ou sourdement miné
par les ans. La masse énorme, emportée d'un irrésistible élan sur
les pentes escarpées, roule et bondit sur le sol, entraînant avec elle
les bois, les troupeaux et les hommes : tel, au travers des phalanges
dispersées, Turnus vole aux remparts de Laurente, aux lieux où la
terre est rougie de flots de sang et où l'air gémit du sifflement des
javelots. Il fait un signe de la main et crie d'une voix retentissante :
« Maintenant, Rutules, arrêtez ; et vous, Latins, retenez vos traits :
quel que soit le sort du combat, il ne regarde que moi seul; il est
juste que seul je porte pour vous la peine du traité violé, et que je
termine la querelle avec le fer. » A ces mots on s'écarte, et on laisse
un vaste espace entre les deux armées.
  Cependant Énée, au seul nom de Turnus, abandonne les murs,
abandonne les hautes tours de Laurente, s'arrache à tous les obstacles,
interrompt tous les travaux, et, précipitant sa marche, le cœur bon-

deseritque

et quitte

sororem mœstam,

sa sœur affligée,

ac cursu rapido

et d'une course rapide

rumpit agmina media.

rompt les bataillons par-le-milieu.

Ac veluti, quum saxum

Et comme, lorsqu'un rocher

ruit præceps

se précipite en-avant

de vertice montis,

du sommet d'un mont,

avulsum vento,

arraché par le vent,

seu imber turbidus

soit qu'une pluie orageuse

proluit,

l'ait entraîné-par-l'eau,

aut vetustas

ou que l'antiquité (le temps)

sublapsa

se glissant (minant)

solvit annis;

l'ait détaché par les années;

mons improbus

la montagne (le bloc) énorme

fertur in abruptum

est emporté à pic

magno actu,

avec une grande impulsion,

exsultatque solo,

et bondit sur le sol

involvens secum

enveloppant (entraînant) avec-lui

silvas, armenta, virosque :

les forêts, les troupeaux et les hommes :

sic Turnus

ainsi Turnus

per agmina disjecta

à travers les bataillons dispersés

ruit ad muros urbis,

se précipite vers les murs de la ville.

ubi terra plurima

où la terre la plus abondante (le plus)

madet sanguine fuso,

est humide de sang versé,

auræque stridunt

et où les airs sifflent

hastilibus ;

par les javelots ;

significatque manu,

et il fait-signe de la main,

et simul incipit

et en même temps il commence

magno ore :

d'une grande bouche (d'une forte voix) :

« Parcite jam, Rutuli ;

« Abstenez-vous dès à présent, Rutues ;

et vos, Latini,

et vous, Latins,

inhibete tela :

arrêtez vos traits :

quæcumque est fortuna,

quelle que soit la fortune,

est mea ;

elle est mienne ;

verius me unum

il est plus juste moi seul

luere fœdus pro vobis,

expier le traité pour vous,

et decernere ferro. »

et décider la querelle avec le fer. »

Omnes medii

Tous ceux qui étaient au-milieu

discessere,

se retirèrent-de-divers-côtés,

dedereque spatium.

et donnèrent (livrèrent) un espace.

At pater Æneas,

Mais le père (auguste) Énée,

nomine Turni audito,

le nom de Turnus étant entendu,

et deserit muros,

et abandonne les murs,

et deserit summas arces ;

et abandonne les très-hautes citadelle ;

præcipitatque

et il précipite (écarte promptement)

omnes moras ;

tous les retards ;

rumpit omnia opera,

il interrompt tous ses travaux,

Lætitia exsultans, horrendumque intonat armis :   700
Quantus Athos, aut quantus Eryx, aut ipse, coruscis
Quum fremit ilicibus, quantus, gaudetque nivali
Vertice se attollens pater Apenninus ' ad auras.
Jam vero et Rutuli certatim, et Troes, et omnes
Convertere oculos Itali, quique alta tenebant   705
Mœnia, quique imos pulsabant ariete muros ;
Armaque deposuere humeris : stupet ipse Latinus,
Ingentes, genitos diversis partibus orbis,
Inter se coiisse viros, et cernere ferro.

  Atque illi, ut vacuo patuerunt æquore campi,   710
Procursu rapido, conjectis eminus hastis,
Invadunt Martem clypeis atque ære sonoro.
Dat gemitum tellus ; tum crebros ensibus ictus
Congeminant : fors et virtus miscentur in unum.
Ac velut ingenti Sila , summove Taburno ²,   715
Quum duo conversis inimica in prælia tauri
Frontibus incurrunt, pavidi cessere magistri ;

dissant de joie, tonne sous sa terrible armure, aussi grand que
l'Athos, aussi grand que l'Éryx ou que l'antique Apennin lui-même,
tout frémissant des murmures de ses chênes et s'enorgueillissant
d'élever jusqu'aux nues sa cime couverte de neige. Alors tous à
l'envi, Rutules, Troyens, Latins, tournent leurs regards sur les
deux rivaux. Ceux qui couronnaient le faîte des remparts et ceux
qui sapent avec le bélier le pied des murailles, tous ont déposé
les armes. Latinus lui-même contemple avec étonnement ces deux
grands guerriers, nés si loin l'un de l'autre, et rapprochés ainsi par
le sort pour se mesurer le fer à la main.

  Pour eux, dès que le champ est libre, ils font voler de loin leur
javelot, s'élancent d'une course rapide, et bientôt, s'attaquant de plus
près, en viennent aux mains et s'entre-heurtent avec leur bouclier
retentissant. La terre tremble, ébranlée de leur choc. Alors, s'armant
du glaive, ils se frappent à coups redoublés : l'adresse et le courage
se confondent. Tels, sur le vaste Sila ou sur les hautes cimes du Taburne, deux taureaux, baissant leur front sauvage, engagent une lutte
terrible. Les pasteurs s'éloignent tremblants ; le troupeau, muet de

exsultans lætitia,
intonatque armis
horrendum :
quantus Athos,
aut quantus Eryx,
aut quantus
pater Apenninus ipse,
quum fremit
ilicibus coruscis,
gaudetque vertice nivali,
se attollens ad auras.
Jam vero certatim
et Rutuli, et Troes,
et omnes Itali
convertere oculos,
quique tenebant
alta mœnia,
quique pulsabant ariete
imos muros ;
deposuereque arma
humeris :
Latinus ipse stupet,
ingentes viros,
genitos
partibus diversis orbis,
coiisse inter se,
et cernere ferro.
  Atque illi,
ut campi patuerunt
æquore vacuo,
procursu rapido,
hastis conjectis eminus,
invadunt Martem
clypeis
atque ære sonoro.
Tellus dat gemitum ;
tum congeminant ensibus
ictus crebros :
fors et virtus
miscentur in unum.
Ac velut ingenti Sila,
summove Taburno,
quum duo tauri
frontibus conversis
incurrunt
in prælia inimica,
magistri pavidi ·

bondissant d'allégresse,
et il retentit avec *ses* armes
d'une-manière-effrayante :
aussi grand qu'Athos,
ou *aussi grand* qu'Éryx,
ou *aussi grand* que
le père (auguste) Apennin lui-même,
lorsqu'il frémit
avec *ses* yeuses agitées,
et se réjouit de *sa* cime neigeuse,
en s'élevant dans les airs.
Mais déjà à l'envi
et les Rutules, et les Troyens,
et tous les Italiens
ont tourné les yeux,
et ceux qui occupaient
les hautes murailles,
et ceux qui heurtaient du bélier
le bas des murs ;
et ils ont déposé *leurs* armes
de *leurs* épaules ;
Latinus lui-même est-stupéfait,
voyant ces deux grands guerriers,
engendrés
dans des parties éloignées du globe,
en-être-venus-aux-mains entre eux,
et lutter avec le fer.
  Et eux,
dès que les champs se sont ouverts
la plaine *étant* vide,
avec une course rapide,
leurs javelines ayant été lancées de loin,
envahissent Mars (engagent le combat)
avec *leurs* boucliers
et avec l'airain retentissant.
La terre donne (rend) un gémissement ;
puis ils redoublent avec *leurs* épées
des coups fréquents :
le hasard et la valeur
se mêlent en un (se confondent).
Et comme sur le grand Sila,
ou sur le très-haut Taburne,
lorsque deux taureaux
leurs fronts étant tournés *l'un contre*
se ruent   [*l'autre*
à des combats ennemis,
que les maîtres (bergers) tremblants

Stat pecus omne metu mutum, mussantque juvencæ,
Quis nemori imperitet, quem tota armenta sequantur :
Illi inter sese multa vi vulnera miscent,   720
Cornuaque obnixi infigunt, et sanguine largo
Colla armosque lavant ; gemitu nemus omne remugit :
Haud aliter Tros Æneas et Daunius heros
Concurrunt clypeis : ingens fragor æthera complet.

    Jupiter ipse duas æquato examine lances   725
Sustinet, et fata imponit diversa duorum,
Quem damnet labor, et quo vergat pondere letum.
Emicat hic, impune putans, et corpore toto
Alte sublatum consurgit Turnus in ensem,
Et ferit : exclamant Troes, trepidique Latini,   730
Arrectæque amborum acies; at perfidus ensis
Frangitur, in medioque ardentem deserit ictu ;
Ni fuga subsidio subeat : fugit ocior Euro,

crainte, reste au loin immobile, et les génisses inquiètes attendent quel maître dominera les pâturages et marchera roi des troupeaux. Ils se portent tour à tour mille coups furieux, se percent de leurs cornes et inondent de flots de sang leur cou et leurs larges épaules. Tout le bois retentit de leurs longs mugissements. Tels le Troyen Énée et le héros fils de Daunus s'entre-choquent de leur bouclier, et du fracas de leurs armes font retentir les airs.

Cependant Jupiter suspend dans un juste équilibre ses balances immortelles et y place les destinées diverses des deux héros, pour savoir quel est celui des deux que condamne le combat et de quel côté pèse la mort. Tout à coup Turnus s'élance, croyant le moment favorable, et, levant son épée de toute la hauteur de son corps, il frappe. Les Troyens et les Latins poussent un cri. Les deux armées se dressent attentives ; mais la perfide épée se brise et trahit l'ardeur du guerrier au milieu de son effort. C'en est fait de lui, s'il n'a recours à la fuite ; il fuit donc plus rapide que les vents, dès qu'il voit cette poi-

cessere ;
se sont retirés ;

omne pecus stat
tout le troupeau se tient là

mutum metu ,
muet par la crainte ,

juvencæque
et les génisses

mussant,
hésitent (attendent en silence),

quis imperitet nemori ,
lequel commandera au bois (au pâturage),

quem sequantur
lequel suivront

tota armenta :
tous les troupeaux :

illi inter sese
ceux-là entre eux

miscent vulnera
mêlent (échangent) des blessures

vi multa,
avec beaucoup de violence ,

obnixique
et faisant-effort

infigunt cornua ,
enfoncent *leurs* cornes ,

et lavant colla armosque
et arrosent *leurs* cous et *leurs* épaules

sanguine largo ;
d'un sang abondant ;

omne nemus
tout le bois

remugit gemitu :
retentit du gémissement :

haud aliter Tros Æneas
non autrement le Troyen Énée

et heros Daunius
et le héros fils-de-Daunus

concurrunt clypeis :
se heurtent de *leurs* boucliers :

ingens fragor
un grand fracas

complet æthera.
remplit l'air.

Jupiter ipse
Jupiter lui-même

sustinet duas lances
tient les deux plateaux *de sa balance*

examine æquato,
avec l'aiguille égale ,

et imponit diversa
et *y* place des-deux-côtés

fata duorum,
les destinées des deux,

quem
cherchant lequel

labor damnet,
le travail (la lutte) condamne,

et quo pondere
et par quel poids (de quel côté)

vergat letum.
penche la mort.

Hic Turnus emicat,
Alors Turnus bondit,

putans impune,
croyant *le faire* impunément ,

et consurgit toto corpore
et se dresse de tout *son* corps

in ensem sublatum alte ,
vers (avec) *son* épée levée en haut,

et ferit :
et frappe :

Troes exclamant,
les Troyens poussent-un-cri ,

Latinique trepidi ,
et *aussi* les Latins tremblants (inquiets),

aciesque amborum
et les lignes des deux *armées*

arrectæ ;
se tiennent dressées (en suspens) ;

at ensis perfidus frangitur,
mais l'épée perfide se brise,

deseritque ardentem
et fait-faute à *Turnus* ardent

in medio ictu ;
au milieu de *son* coup ;

ni fuga
il périrait si la fuite

subeat subsidio :
ne venait à *son* secours :

fugit ocior Euro ,
il fuit plus prompt que l'Eurus ,

ut adspexit
dès qu'il a aperçu

Ut capulum ignotum dextramque adspexit inermem.
Fama est, præcipitem, quum prima in prælia junctos   735
Conscendebat equos, patrio mucrone relicto,
Dum trepidat, ferrum aurigæ rapuisse Metisci;
Idque diu, dum terga dabant palantia Teucri,
Suffecit; postquam arma dei ad Vulcania ventum est,
Mortalis mucro, glacies ceu futilis, ictu   740
Dissiluit; fulva resplendent fragmina arena.
Ergo amens diversa fuga petit æquora Turnus,
Et nunc huc, inde huc incertos implicat orbes.
Undique enim densa Teucri inclusere corona;
Atque hinc vasta palus, hinc ardua mœnia cingunt.   745
    Nec minus Æneas, quanquam tardata sagitta
Interdum genua impediunt cursumque recusant,
Insequitur, trepidique pedem pede fervidus urget:
Inclusum veluti si quando flumine nactus
Cervum, aut puniceæ septum formidine pennæ,   750
Venator cursu canis et latratibus instat;

gnée inconnue et sa main désarmée. On dit qu'au moment où il se pré-
cipita sur son char pour courir aux premiers combats, Turnus, dans
son aveugle empressement, avait laissé l'épée de son père et avait
pris par mégarde celle de son écuyer Métisque. Elle lui avait suffi
tant que les Troyens épars fuyaient devant lui; mais dès que ce fer,
ouvrage d'un mortel, rencontra les armes divines forgées par Vul-
cain, il se brisa sous le choc comme une glace fragile : ses éclats
dispersés brillent sur la jaune arène. Turnus, éperdu, fuit donc à
travers la plaine, et, tantôt d'un côté, tantôt de l'autre, décrit mille
détours incertains : d'un côté, il est enfermé par les rangs épais des
Troyens; de l'autre, par de vastes marais et les hauts remparts de
Laurente.

    Cependant, quoiqu'il soit encore affaibli par sa blessure et qu'il
sente ses genoux fléchir et se refuser à son ardeur, Énée ne laisse
pas de poursuivre Turnus, et de ses pieds brûlants il presse les pieds
de son ennemi troublé. Ainsi, lorsqu'un chien de chasse relance et
presse de ses aboiements un cerf arrêté par le courant d'un fleuve,

capulum ignotum,	la poignée inconnue,
dextramque inermem.	et *sa* droite désarmée.
Fama est, præcipitem,	La renommée est, *lui* empressé,
quum conscendebat	lorsqu'il montait
in prima prælia	pour le premier combat
equos junctos,	sur *ses* chevaux attelés (son char),
mucrone patrio relicto,	l'épée de-*son*-père ayant été laissée,
dum trepidat,	tandis qu'il se hâte,
rapuisse ferrum	avoir saisi le fer (l'épée)
aurigæ Metisci;	de *son* cocher Métisque;
idque suffecit diu ,	et ce *fer lui* suffit longtemps,
dum Teucri	tant que les Troyens
dabant	donnaient (présentaient)
terga palantia ;	des dos errants (fuyants);
postquam ventum est	lorsqu'on en vint (quand il arriva)
ad arma dei Vulcania,	aux armes d'un dieu faites-par-Vulcain,
mucro mortalis	le glaive mortel
dissiluit ictu,	sauta-en-morceaux par le coup,
ceu glacies futilis;	comme de la glace fragile ;
fragmina resplendent	les débris reluisent
arena fulva.	sur l'arène jaune.
Ergo Turnus amens	En conséquence Turnus éperdu
petit fuga	gagne par la fuite (en fuyant)
diversa æquora,	divers *côtés de la* plaine,
et implicat orbes incertos	et enlace des cercles (détours) incertains
nunc huc, inde huc.	tantôt ici , puis là.
Undique enim	De toutes parts en effet
Teucri inclusere	les Troyens *l'*ont entouré
corona densa ;	par une couronne (un cercle) épais ;
atque hinc vasta palus,	et d'ici un vaste marais,
hinc mœnia ardua	de là les remparts élevés
cingunt.	*l'*enferment.
Nec minus Æneas,	Néanmoins Énée,
quanquam genua	bien que *ses* genoux
tardata sagitta	retardés par la flèche *qui l'a blessé*
impediunt interdum,	*l'*empêchent de temps en temps,
recusantque cursum ,	et refusent la course (de courir),
insequitur,	poursuit *Turnus*,
fervidusque urget pede	et enflammé presse de *son* pied
pedem trepidi :	le pied de *Turnus* troublé :
veluti si quando	comme si quelquefois
canis venator	un chien chasseur
nactus cervum	ayant trouvé un cerf
inclusum flumine,	enfermé (arrêté) par un fleuve,
aut septum formidine	ou entouré par *l'*épouvante
pennæ puniceæ,	de la plume rouge,
instat cursu et latratibus ;	*le* presse par *sa* course et *ses* aboiements;

Ille autem , insidiis et ripa territus alta ,
Mille fugit refugitque vias : at vividus Umber *
Hæret hians , jam jamque tenet , similisque tenenti
Increpuit malis , morsuque elusus inani est.   755
Tum vero exoritur clamor ; ripæque lacusque
Responsant circa , et cœlum tonat omne tumultu.
Ille , simul fugiens , Rutulos simul increpat omnes ,
Nomine quemque vocans , notumque efflagitat ensem.
Æneas mortem contra præsensque minatur   760
Exitium , si quisquam adeat ; terretque trementes ,
Excisurum urbem minitans , et saucius instat.
Quinque orbes explent cursu , totidemque retexunt
Huc illuc : neque enim levia aut ludicra petuntur
Præmia ; sed Turni de vita et sanguine certant.   765
     Forte sacer Fauno foliis oleaster amaris
Hic steterat , nautis olim venerabile lignum,   -
Servati ex undis ubi figere dona solebant

ou saisi de crainte à la vue d'un long cordon de plumes rouges , la
bête, qu'effrayent à la fois et l'épouvantail perfide et l'escarpement de
la rive , va , vient , fait cent détours ; mais l'ardent limier d'Ombrie
s'attache à sa proie , la gueule béante ; près de la saisir et comme
s'il la tenait déjà , il fait craquer ses mâchoires , et , trompé , ne mord
que le vide. Alors du sein des deux armées s'élèvent de grands cris ;
les rivages et les lacs d'alentour y répondent , et tout le ciel retentit
du tumulte. Turnus , tout en fuyant , gourmande les Rutules , appelle
chacun par son nom et demande son épée accoutumée. Énée, de son
côté , menace d'un prompt trépas quiconque viendra au secours de
Turnus , épouvante les Rutules tremblants en disant qu'il extermi-
nera leur ville , et , malgré sa blessure , il poursuit toujours son
rival. Cinq fois, dans leur course il font le tour du champ de bataille ,
cinq fois , ils reviennent sur leurs pas ; car il ne s'agit pas d'un prix
médiocre , d'un jeu frivole , mais de la vie et du sang de Turnus.
     Là se trouvait placé naguère un olivier sauvage, aux feuilles
amères , consacré à Faunus, arbre de tout temps révéré des nauto-
niers. C'est là que , sauvés de la fureur des ondes , ils avaient cou-
tume d'apporter leurs offrandes et de suspendre , en l'honneur du

lle autem ,
rritus insidiis
t ripa alta ,
fugit
refugitque
mille vias :
at Umber vividus
hæret hians ,
jam jamque tenet ,
similisque tenenti
increpuit malis ,
elususque est morsu inani.
Tum vero clamor exoritur;
ripæque lacusque
responsant circa ,
et omne cœlum
tonat tumultu.
Ille, simul fugiens ,
simul increpat
omnes Rutulos ,
vocans quemque nomine ,
efflagitatque ensem notum.
Æneas contra
minatur mortem
exitiumque præsens ,
si quisquam adeat;
terretque trementes ,
minitans
excisurum urbem ,
et saucius instat.
Explent cursu
quinque orbes ,
retexuntque totidem
huc illuc :
neque enim præmia
levia aut ludicra
petuntur ;
sed certant
de vita et sanguine Turni.
   Forte oleaster
foliis amaris
sacer Fauno
steterat hic ,
lignum venerabile olim
nautis,
ubi servati ex undis
solebant figere dona

mais celui-là (le cerf),
effrayé par les piéges
et par la rive haute,
parcourt-en-fuyant
et parcourt-de-nouveau-en-fuyant
mille routes (détours) :
mais le *chien* d'-Ombrie vif (ardent)
s'attache *à lui* la-gueule-béante,
et bientôt *le* tient (va le saisir),
et semblable à un *chien* qui tiendrait
il a craqué avec *ses* mâchoires,
et a été joué par une morsure vaine.
Mais alors un cri s'élève ;
et les rives et le lac
y répondent tout autour,
et tout le ciel
retentit du tumulte.
Lui (Turnus), en même temps fuyant
en même temps gourmande [(qu'il fuit),
tous les Rutules,
appelant chacun par *son* nom,
et sollicite *son* épée connue (habituelle).
Énée de son côté
menace de la mort
et d'une destruction prompte ,
si personne s'approche ;
et il effraye les *Rutules* tremblants ,
disant-avec-menace
lui devoir renverser la ville,
et *quoique* blessé il poursuit.
Ils accomplissent dans *leur* course
cinq cercles *autour du champ de bataille,*
et *en* recommencent tout-autant
courant ici *et* là :
et *ce* ne *sont* pas en effet des récompenses
légères ou décernées-dans-des-jeux
qui sont recherchées ;
mais ils luttent
pour la vie et le sang de Turnus.
   Par hasard un olivier-sauvage
aux feuilles amères
consacré à Faunus
s'était tenu (se trouvait) là ,
bois (arbre) respecté autrefois
des matelots ,
où sauvés des eaux
ils avaient-coutume d'attacher des dons

Laurenti divo, et votas suspendere vestes :
Sed stirpem Teucri nullo discrimine sacrum   770
Sustulerant, puro ut possent concurrere campo.
Hic hasta Æneæ stabat : huc impetus illam
Detulerat fixam, et lenta in radice tenebat.
Incubuit, voluitque manu convellere ferrum
Dardanides, teloque sequi quem prendere cursu   775
Non poterat. Tum vero amens formidine Turnus :
« Faune, precor, miserere, inquit, tuque optima ferrum
Terra tene, colui vestros si semper honores,
Quos contra Æneadæ bello fecere profanos. »
Dixit, opemque dei non cassa in vota vocavit.   780
Namque diu luctans, lentoque in stirpe moratus,
Viribus haud ullis valuit discludere morsus
Roboris Æneas. Dum nititur acer, et instat,
Rursus in aurigæ faciem mutata Metisci

dieu des Laurentins, les vêtements promis par leurs vœux. Mais les
Troyens, sans respect pour l'arbre sacré, l'avaient abattu, afin de
dégager le champ du combat. Là s'était arrêtée la javeline d'Énée;
là son vol impétueux l'avait poussée et elle s'était enfoncée dans la
souche tortueuse du vieux tronc. Le héros, se courbant, s'efforce de
l'en arracher; il veut atteindre de ce fer l'ennemi qu'il ne peut saisir à
la course. Alors Turnus, glacé d'épouvante : « Faunus, je t'en conjure, prends pitié de moi, s'écrie-t-il; et toi, terre protectrice,
retiens ce trait meurtrier, si j'ai toujours gardé ton saint culte, que
les Troyens ont profané par cette guerre impie. » Il dit, et n'in-
voque point par des vœux stériles l'appui du dieu, car Énée lutte
longtemps, et toujours en vain, contre la racine obstinée : toute sa
vigueur s'y consume, et le bois ne lâche point le fer qu'il a mordu.
Tandis qu'il s'opiniâtre et redouble d'efforts, Juturne, empruntant
de nouveau la figure de Métisque, se précipite dans l'arène et rend

vo Laurenti,	pour le dieu Laurentin,
suspendere	et de suspendre
estes votas :	*leurs* vêtements voués *au dieu* :
d Teucri	mais les Troyens
stulerant	avaient enlevé
tirpem sacrum	la souche sacrée
ullo discrimine,	sans aucune distinction (sans respect),
t possint concurrere	pour qu'ils pussent lutter
ampo puro.	dans une plaine unie.
asta Æneæ	La javeline d'Énée
tabat hic :	se tenait (s'était enfoncée) là :
mpetus	l'élan (le jet)
etulerat illam huc,	avait porté elle là,
t tenebat fixam	et *la* tenait plantée
n radice lenta.	dans la racine flexible (tortueuse).
ardanides incubuit,	Le descendant-de-Dardanus se pencha,
oluitque	et voulut
nvellere ferrum manu,	arracher le fer avec *sa* main,
quique telo	et poursuivre avec *son* trait
uem non poterat	celui qu'il ne pouvait
rendere cursu.	atteindre à la course.
um vero Turnus	Mais alors Turnus
mens formidine :	éperdu de frayeur :
« Miserere, Faune, inquit,	« Aie-pitié *de moi*, Faunus, dit-il,
recor,	je *t'en* prie,
que, optima terra,	et toi, très-excellente terre,
ne ferrum,	retiens le fer,
i colui semper	si j'ai cultivé (pratiqué) toujours
estros honores,	vos honneurs (vous ai toujours respecté),
uos contra	*vous* que au contraire,
neadæ	les compagnons-d'Énée
ecere profanos	ont fait profanes (ont profanés)
ello. »	par la guerre. »
Dixit,	Il dit,
vocavitque opem dei	et il appela le secours du dieu
non in vota cassa.	non à des vœux inutiles.
amque luctans diu,	Car luttant longtemps,
oratusque	et tardant (retardé)
n stirpe lento,	après la racine flexible (tortueuse),
Æneas valuit	Énée n'eut-le-pouvoir
aud ullis viribus	avec aucunes forces
discludere morsus roboris.	d'écarter la morsure du bois.
um nititur acer,	Tandis qu'il s'efforce ardent,
t instat,	et qu'il insiste,
ea Daunia,	la déesse fille-de-Daunus,
utata rursus	s'étant changée de nouveau
faciem aurigæ Metisci,	en *prenant* le visage du cocher Métisque,

Procurrit, fratrique ensem dea Daunia reddit.   785

Quod Venus audaci nymphæ indignata licere,

Accessit, telumque alta ab radice revellit.

Olli sublimes, armis animisque refecti,

Hic gladio fidens, hic acer et arduus hasta,

Adsistunt contra certamine Martis anheli.   790

     Junonem interea rex omnipotentis Olympi

Alloquitur, fulva pugnas de nube tuentem :

« Quæ jam finis erit, conjux? quid denique restat?

Indigetem Ænean scis ipsa, et scire fateris,

Deberi cœlo, fatisque ad sidera tolli.   795

Quid struis? aut qua spe gelidis in nubibus hæres?

Mortalin' decuit violari vulnere divum?

Aut ensem (quid enim sine te Juturna valeret?)

Ereptum reddi Turno, et vim crescere victis?

Desine jam tandem, precibusque inflectere nostris;   800

Nec te tantus edat tacitam dolor; et mihi curæ

Sæpe tuo dulci tristes ex ore recursent.

à son frère l'épée de Daunus. Vénus, indignée de l'audace de la
nymphe, s'approche et arrache elle-même le javelot de la racine profonde. Les deux guerriers, qui retrouvent avec leurs armes une nouvelle ardeur, s'avancent, l'un se confiant à son glaive, l'autre, impétueux et terrible, à sa javeline, et recommencent ce combat
haletant.

     Cependant le tout-puissant roi de l'Olympe s'adresse à Junon, qui
contemplait les combats du haut d'un nuage d'or : « Quel sera le
terme de cette guerre, chère épouse? et que vous reste-t-il encore à
entreprendre? Vous savez, et vous-même avouez le savoir, qu'Énée
doit avoir le ciel pour séjour et que les destins l'élèvent jusqu'aux
demeures étoilées. Que méditez-vous donc, et quel espoir peut vous
retenir sur ces froides nuées? Convenait-il qu'un dieu fût blessé par
une main mortelle? ou que Juturne (car que pourrait-elle sans
vous?) rendît à Turnus l'épée dont il était privé et rallumât l'audace des vaincus? Cessez enfin de vous agiter et laissez-vous fléchir
à mes prières; ne nourrissez pas dans un sombre silence ce chagrin
qui vous ronge, et que plutôt votre voix aimée me confie plus sou-

procurrit,	court-en-avant,
redditque fratri ensem.	et rend à *son* frère *son* épée.
Venus indignata	Vénus ayant vu-avec-indignation
quod licere	cela être permis
nymphæ audaci,	à la nymphe audacieuse,
accessit,	s'approcha,
revellitque telum	et arracha le trait
ab alta radice.	de la profonde racine.
Olli sublimes,	Ceux-ci relevés (ranimés),
refecti	munis-de-nouveau
armis animisque,	d'armes et de courage,
hic fidens gladio,	celui-ci confiant en *son* glaive,
hic acer	celui-là (Énée) ardent
et arduus hasta,	et dressé par *sa* pique (la pique haute),
adsistunt contra	se tiennent en face *l'un de l'autre*
certamine	dans la lutte
Martis anheli.	de Mars (d'un combat) haletant.
Interea rex	Cependant le roi
omnipotentis Olympi	du tout-puissant Olympe
alloquitur Junonem,	adresse-la-parole à Junon,
tuentem pugnas	qui regardait les combats
de nube fulva :	du haut d'un nuage fauve (d'or) :
« Quæ finis erit jam,	« Quelle fin sera bientôt,
conjux?	ô mon épouse?
quid restat denique?	que *te* reste-t-il enfin?
Scis ipsa, et fateris scire,	Tu sais toi-même, et tu avoues *le* savoir,
Ænean deberi cœlo	Énée être dû au ciel
indigetem,	*comme* habitant,
tollique fatis	et être élevé par les destins
ad sidera.	jusqu'aux astres.
Quid struis?	Que médites-tu?
aut qua spe	ou dans quelle espérance
hæres in nubibus gelidis?	es-tu-attachée sur les nues froides?
Decuitne divum	Etait-il-convenable un dieu
violari vulnere mortali?	être violé par une blessure d'un-mortel?
aut (quid enim valeret	ou (car en quoi aurait-du-pouvoir
Juturna sine te?)	Juturne sans toi?)
ensem ereptum	l'épée ravie
reddi Turno,	être rendue à Turnus,
et vim crescere victis?	et la force croître aux vaincus?
Desine jam tandem,	Cesse désormais enfin,
inflectereque	et sois fléchie
nostris precibus;	par nos (mes) prières;
nec tantus dolor	et qu'un si grand ressentiment
edat te tacitam;	ne ronge pas toi silencieuse;
et tristes curæ	et que *tes* tristes soucis
recursent sæpe mihi	reviennent (soient confiés) souvent à moi

Ventum ad supremum est: terris agitare vel undis
Trojanos potuisti, infandum accendere bellum,
Deformare domum, et luctu miscere hymenæos :   805
Ulterius tentare veto. » Sic Jupiter orsus;
Sic dea submisso contra Saturnia vultu :
« Ista quidem quia nota mihi tua, magne, voluntas,
Jupiter, et Turnum, et terras invita reliqui.
Nec tu me aeria solam nunc sede videres   810
Digna, indigna pati; sed flammis cincta sub ipsam
Starem aciem, traheremque inimica in prælia Teucros.
Juturnam misero, fateor, succurrere fratri
Suasi, et pro vita majora audere probavi;
Non ut tela tamen, non ut contenderet arcum: 815
Adjuro Stygii caput implacabile fontis,
Una superstitio superis quæ reddita divis.
Et nunc cedo equidem, pugnasque exosa relinquo.
Illud te, nulla fati quod lege tenetur,
Pro Latio obtestor, pro majestate tuorum :   820

vent vos chagrins secrets. L'instant fatal est maintenant arrivé. Vous
avez pu jusqu'à présent poursuivre les Troyens sur la terre et sur
l'onde, allumer une guerre cruelle, désoler une maison royale et
mêler le deuil aux pompes de l'hymen. Je vous défends de tenter
davantage. » Ainsi parla Jupiter. La fille de Saturne lui répond, en
baissant les yeux : « Grand Jupiter, votre volonté m'était connue,
et c'est pour cela que j'ai, malgré moi, abandonné Turnus et la
terre. Sans mon respect pour vos arrêts, vous ne me verriez pas seule
maintenant, assise sur un nuage, endurer tant d'indignités et d'ou-
trages; mais, entourée de feux vengeurs, je me porterais au sein de
la mêlée et j'entraînerais les Troyens à des combats funestes. J'ai
conseillé à Juturne, je l'avoue, de secourir son malheureux frère,
et j'ai permis qu'elle osât tout pour lui sauver la vie; mais non
qu'elle lançât des traits et tendît un arc homicide : j'en jure par la
source du Styx implacable, seul pouvoir qu'attestent avec une crainte
religieuse les dieux de l'Olympe. Je cède enfin, j'abandonne ces
combats détestés. Mais je vous demande pour le Latium et pour l'honneur des rois issus de votre sang, une grâce à laquelle aucune loi du

ex tuo dulci ore.	de ta douce (chère) bouche.
Ventum est ad supremum :	On en est venu au *moment* suprême :
potuisti agitare Trojanos	tu as pu poursuivre les Troyens
terris vel undis,	sur les terres ou sur les ondes,
accendere	allumer
bellum infandum,	une guerre abominable,
deformare domum,	désoler une maison,
et miscere luctu	et mêler de deuil
hymenæos :	un hymen :
veto	je *te* défends
tentare ulterius. »	d'essayer plus loin. »
Sic orsus Jupiter ;	Ainsi parla Jupiter ;
dea Saturnia	la déesse fille-de-Saturne
contra sic	*parla* en-réponse ainsi
vultu submisso :	le visage baissé :
« Magne Jupiter,	« Grand Jupiter,
quia quidem	*c'est* parce que en vérité
ista voluntas tua	cette volonté tienne
nota mihi,	*est* connue à moi,
reliqui invita	*que* j'ai quitté malgré-moi
et Turnum, et terras.	et Turnus, et la terre.
Nec tu videres me nunc	Et tu ne verrais pas moi maintenant
solam sede aeria	seule dans la demeure aérienne
pati digna, indigna ;	souffrir des choses dignes *et* indignes ;
sed cincta flammis	mais ceinte de flammes
starem sub aciem ipsam,	je me tiendrais devant l'armée même,
traheremque Teucros	et j'entraînerais les Troyens
in prælia inimica.	à des combats ennemis (funestes).
Suasi Juturnam, fateor,	J'ai conseillé à Juturne, je *l'*avoue,
succurrere misero fratri,	de secourir *son* malheureux frère,
et probavi	et j'ai approuvé
audere pro vita	*elle* oser (qu'elle osât) pour *sa* vie
majora ;	de plus grandes *tentatives* ;
non tamen	non cependant
ut contenderet tela,	pour qu'elle tendît des traits,
non ut arcum ;	non pour qu'*elle tendît* un arc ;
adjuro caput implacabile	je *le* jure par la tête (source) implacable
fontis Stygii,	du courant du-Styx,
una superstitio	seule crainte-religieuse
quæ reddita	qui *est* rendue (acquittée, conçue)
divis superis.	par les dieux d'en-haut.
Et nunc cedo equidem,	Et maintenant je cède en vérité,
et relinquo pugnas exosa.	et j'abandonne les combats *les* détestant.
Obtestor te	Je demande-en-suppliant à toi
illud, quod tenetur	ceci, qui n'est tenu (fixé)
nulla lege fati,	par aucune loi du destin,
pro Latio,	pour le Latium,

Quum jam connubiis pacem felicibus, esto,
Component, quum jam leges et fœdera jungent,
Ne vetus indigenas nomen mutare Latinos,
Neu Troas fieri jubeas, Teucrosque vocari,
Aut vocem mutare viros, aut vertere vestes.   825
Sit Latium, sint Albani per sæcula reges;
Sit Romana potens Itala virtute propago :
Occidit, occideritque sinas cum nomine Troja. »
    Olli subridens hominum rerumque repertor :
« Et germana Jovis, Saturnique altera proles,   830
Irarum tantos volvis sub pectore fluctus?
Verum age, et inceptum frustra submitte furorem :
Do quod vis, et me victusque volensque remitto.
Sermonem Ausonii patrium moresque tenebunt;
Utque est, nomen erit; commixti corpore tantum,   835
Subsident Teucri : morem ritusque sacrorum
Adjiciam, faciamque omnes uno ore Latinos.

destin ne s'oppose. Lorsque les deux peuples, puisqu'il le faut, affer-
miront la paix par un heureux hymen, lorsqu'ils s'uniront par un
dernier et solennel traité, par des lois communes, ne permettez pas
que les Latins, enfants de ces contrées, perdent leur ancien nom,
deviennent Troyens, s'appellent Troyens et qu'ils adoptent un lan-
gage, un costume étrangers. Qu'il soit un Latium ; que les rois albains
subsistent de siècle en siècle, et que la puissance romaine s'étende
et se perpétue à jamais par la valeur des Italiens. Troie a péri : souffrez que son nom périsse avec elle. »

    Le créateur des hommes et des choses lui dit en souriant : « Quoi!
vous, sœur de Jupiter, vous, fille de Saturne, vous roulez dans votre
cœur les flots d'une si grande colère? Calmez ces transports et mo-
dérez ces fureurs inutiles. Je vous accorde ce que vous me demandez,
et, vaincu par vos prières, je me rends à vos désirs. Les Ausoniens
conserveront la langue et les mœurs de leurs pères ; leur nom leur
restera. Mêlés à ce grand corps, les Troyens disparaîtront. Je donnerai aux deux peuples le même culte, les mêmes rites sacrés, et les
deux nations, avec la même langue, formeront le peuple latin. De

pro majestate | pour la majesté
tuorum : | des tiens (des rois issus de toi) :
quum jam | lorsque déjà
component pacem | ils établiront la paix
connubiis felicibus, | par un mariage heureux,
esto, | soit (j'y consens),
quum jam jungent | lorsque déjà ils joindront (concluront)
leges et fœdera, | les conditions et les traités (du traité),
ne jubeas | que tu n'ordonnes pas
Latinos indigenas | les Latins indigènes
mutare vetus nomen, | changer *leur* ancien nom,
neu fieri Troas, | ou (ni) *eux* devenir Troyens,
vocarique Teucros, | et être appelés Troyens,
aut viros | ou *ces* hommes
mutare vocem, | changer de voix (de langue),
aut vertere vestes. | ou tourner (changer) *leurs* habits.
Latium sit, | Que le Latium soit (subsiste),
reges Albani | que des rois Albains
sint per sæcula; | soient (subsistent) pendant des siècles;
propago Romana sit **potens** | que la race Romaine soit **puissante**
virtute Itala : | par la valeur des-Italiens :
Troja occidit, | Troie est tombée,
sinasque | et permets
occiderit cum nomine. » | qu'elle soit tombée avec *son* nom. »
    Repertor | L'inventeur (le créateur)
hominum rerumque | des hommes et des choses
olli subridens : | *dit* à elle en souriant :
« Et germana Jovis, | « *Toi qui es* et la sœur de Jupiter,
alteraque proles | et l'autre race (le second enfant)
Saturni, | de Saturne,
volvis sub pectore | tu roules sous *ta* poitrine
tantos fluctus irarum ? | de si grands flots de colères ?
Verum age, | Mais vas,
et submitte furorem | et soumets *ta* fureur
inceptum frustra. | commencée vainement.
Do quod vis, | Je *te* donne ce que tu veux,
victusque volensque | et vaincu et *le* voulant *bien*
et me remitto. | je me relâche (je cède) aussi.
Ausonii tenebunt | Les Ausoniens conserveront
sermonem patrium | la langue de-*leurs*-pères
moresque; | et *leurs* mœurs;
nomenque erit ut est; | et *leur* nom sera comme il est;
Teucri subsident | les Troyens s'affaisseront (disparaîtront)
commixti corpore tantum : | mêlés par le corps seulement :
adjiciam | j'ajouterai *au culte Latin*
morem'ritusque | la manière et les rites
sacrorum, | de *leurs cérémonies sacrées*,

Hinc genus, Ausonio mixtum quod sanguine surget,
Supra homines, supra ire deos pietate videbis;
Nec gens ulla tuos æque celebrabit honores. »   840
Annuit his Juno, et mentem lætata retorsit :
Interea excedit cœlo, nubemque reliquit.

  His actis, aliud genitor secum ipse volutat,
Juturnamque parat fratris dimittere ab armis.
Dicuntur geminæ pestes cognomine Diræ,   845
Quas et Tartaream Nox intempesta Megæram
Uno eodemque tulit partu, paribusque revinxit
Serpentum spiris, ventosasque addidit alas.
Hæ Jovis ad solium, sævique in limine regis
Apparent, acuuntque metum mortalibus ægris,   850
Si quando letum horrificum morbosque deum rex
Molitur, meritas aut bello territat urbes.
Harum unam celerem demittit ab æthere summo
Jupiter, inque omen Juturnæ occurrere jussit.

ce mélange du sang troyen et du sang ausonien doit sortir une race qui
s'élèvera par ses vertus au-dessus des hommes, au-dessus même des
dieux, et nul peuple ne vous rendra de plus magnifiques honneurs. »
Junon applaudit d'un signe de tête à ces paroles, et son cœur, où
pénètre la joie, dépose son ressentiment. Aussitôt elle abandonne la
nue et remonte aux cieux.

  A peine elle a disparu, le père des dieux roule dans son esprit un
autre projet; c'est d'éloigner Juturne du champ où combat son
frère. Il est, dit-on, deux divinités funestes qu'on appelle Furies,
monstres que la Nuit sombre mit au monde d'un même enfantement
avec l'infernale Mégère, et à qui elle donna une affreuse chevelure
de serpents enlacés et des ailes aussi rapides que les vents. Elles
veillent près du trône de Jupiter et sur le seuil même de ce roi redoutable, prêtes à porter l'épouvante aux infortunés mortels, quand le
roi des dieux leur envoie dans sa colère les maladies et la mort, ou
qu'il menace de la guerre les cités coupables. Du sommet de l'éther,
Jupiter dépêche une de ces agiles Furies et lui ordonne de se présenter à Juturne comme un sinistre présage. Elle vole et descend sur

faciamque omnes Latinos
uno ore.
Videbis genus hinc,
quod surget
mixtum sanguine Ausonio,
ire pietate
supra homines,
supra deos;
nec ulla gens
celebrabit æque
tuos honores. »
Juno
annuit his,
et lætata
retorsit mentem :
interea excedit cœlo,
reliquitque nubem.
    His actis,
genitor ipse
volutat secum aliud,
paratque
dimittere Juturnam
ab armis fratris.
Geminæ pestes dicuntur
cognomine Diræ,
quas Nox intempesta
tulit uno eodemque partu
et Megæram Tartaream,
revinxitque
spiris paribus serpentum,
addiditque
alas ventosas.
Hæ apparent
ad solium Jovis,
inque limine regis sævi,
acuuntque metum
mortalibus ægris,
si quando rex deum
molitur letum horrificum
morbosque,
aut territat bello
urbes meritas.
Jupiter
demittit ab summo æthere
unam harum celerem,
jussitque
occurrere Juturnæ

et je *les* ferai tous Latins
avec une seule bouche (langue).
Tu verras une race *sortie* de là,
qui s'élèvera
mêlée du sang Ausonien,
aller par *sa* piété
au-dessus des hommes,
au-dessus des dieux;
et aucune nation
ne célébrera également
tes honneurs. »
Junon
fit-un-signe-de-consentement à ces choses,
et réjouie
retourna (changea) *ses* dispositions :
cependant elle se retire du ciel,
et elle a abandonné le nuage.
    Ces choses étant faites,
le père *des dieux* lui-même   [*dessein*,
roule avec-lui (en son esprit) un autre
et il se prépare
à éloigner Juturne
des armes de *son* frère.
Deux fléaux sont dits *exister*
appelés par *leur* nom Furies,
que la Nuit sombre
produisit d'un seul et même enfantement
et *aussi* (avec) la Mégère du-Tartare,
et enlaça
de spirales pareilles de serpents,
et *leur* ajouta (donna)
des ailes qui-fònt-du-vent.
Ces *furies* se montrent
près du trône de Jupiter,
et sur le seuil du roi redoutable,
et aiguisent la crainte
chez les mortels malades (affligés),
si quelquefois (quand) le roi des dieux
prépare un trépas effrayant
et des maladies,
ou épouvante par la guerre
les villes qui-*l'*ont-mérité.
Jupiter
envoie du haut de l'éther
une d'elles rapide,
et *lui* ordonna
de se présenter à Juturne

Illa volat, celerique ad terram turbine fertur :   855
Non secus ac nervo per nubem impulsa sagitta,
Armatam sævi Parthus quam felle veneni,
Parthus, sive Cydon, telum immedicabile, torsit,
Stridens, et celeres incognita transilit umbras.
Talis se sata Nocte tulit, terrasque petivit.   860
Postquam acies videt Iliacas atque agmina Turni,
Alitis in parvæ subitam collecta figuram,
Quæ quondam in bustis aut culminibus desertis
Nocte sedens serum canit importuna per umbras;
Hanc versa in faciem, Turni se pestis ob ora   865
Fertque refertque sonans, clypeumque everberat alis :
Illi membra novus solvit formidine torpor;
Arrectæque horrore comæ, et vox faucibus hæsit[1].
     At, procul ut Diræ stridorem agnovit et alas,
Infelix crines scindit Juturna solutos,   870
Unguibus ora soror fœdans, et pectora pugnis[2].
« Quid nunc te tua, Turne, potest germana juvare ?

la terre, emportée par un tourbillon impétueux. Telle la flèche, chas-
sée de la corde et lancée par la main du Parthe ou du Crétois, qui
l'a trempée dans un poison terrible, siffle invisible et rapide à travers
les ombres, et porte avec sa pointe infectée une incurable blessure :
telle la fille de la Nuit se précipite sur la terre. Sitôt qu'elle aperçoit
les phalanges d'Ilion et les bataillons de Turnus, soudain elle se ra-
petisse sous la forme de ce faible oiseau qui, perché durant la nuit
sur les tombeaux ou sur les toits déserts, prolonge dans les ténèbres
ses sinistres accents. Déguisé sous cette figure, le monstre passe et
repasse devant les yeux de Turnus avec un bruit effrayant, et frappe
son bouclier de ses ailes. Le guerrier frissonne d'épouvante ; une
torpeur inconnue s'empare de ses membres ; ses cheveux se dressent
d'horreur sur son front, et sa voix expire sur ses lèvres.

     Dès que Juturne a reconnu de loin le vol et le sifflement de la Fu-
rie, la malheureuse sœur arrache ses cheveux épars, et de ses poings,
de ses ongles, se meurtrit la figure et le sein. « O Turnus, s'écrie-

in omen.
Illa volat,
ferturque ad terram
turbine celeri :
non secus ac sagitta
impulsa per nubem
nervo,
quam Parthus torsit
armatam felle
veneni sævi,
Parthus, sive Cydon,
telum immedicabile,
stridens et incognita,
transilit umbras celeres.
Talis sata Nocte
se tulit,
petivitque terras.
Postquam videt acies
Iliacas
atque agmina Turni,
collecta
in figuram subitam
parvæ alitis,
quæ quondam sedens nocte
in bustis
aut culminibus desertis,
importuna
canit serum per umbras ;
versa in hanc faciem,
pestis sonans
seque fert refertque
ad ora Turni,
everberatque clypeum alis:
torpor novus
solvit illi membra
formidine ;
comæque arrectæ horrore,
et vox hæsit faucibus.
At infelix Juturna,
ut agnovit procul
stridorem et alas Diræ,
scindit crines solutos,
soror
fœdans ora unguibus,
et pectora pugnis.
« Quid nunc, Turne,
tua germana

en présage.
Celle-ci vole,
et est portée vers la terre
par un tourbillon rapide :
non autrement que la flèche
poussée (lancée) à travers la nue
par le nerf (la corde) *de l'arc*,
la flèche que le Parthe a lancée
armée du fiel
d'un poison terrible,
le Parthe, ou le Cydon,
trait non-guérissable,
sifflante et inconnue (non vue),
traverse les ombres rapides (rapidement).
Telle la *Furie* engendrée de la Nuit
se transporta,
et gagna les terres.
Lorsqu'elle voit les armées
d'-Ilion
et les bataillons de Turnus,
s'étant ramassée (réduite)
sous la figure subite (prise subitement)
d'un petit oiseau,
qui quelquefois assis la nuit
sur les tombeaux
ou sur les combles déserts,
de-mauvais-augure
chante tard à travers les ombres ;
changée en cette forme,
le fléau retentissant (battant des ailes)
et s'apporte et se rapporte (revient sans
au visage de Turnus,   [cesse)
et frappe *son* bouclier de *ses* ailes :
un engourdissement nouveau
délie à lui les membres
par l'épouvante ;
et *ses* cheveux *se sont* dressés d'horreur,
et *sa* voix s'est attachée à *son* gosier.
Mais la malheureuse Juturne,
dès qu'elle a reconnu de loin
le sifflement et les ailes de la Furie,
déchire *ses* cheveux détachés,
tendre sœur
maltraitant *son* visage avec *ses* ongles,
et *sa* poitrine avec *ses* poings.
« En quoi maintenant, Turnus,
ta sœur

Aut quid jam duræ superat mihi? qua tibi lucem
Arte morer? talin' possum me opponere monstro?
Jam jam linquo acies. Ne me terrete timentem,   875
Obscenæ volucres : alarum verbera nosco,
Letalemque sonum ; nec fallunt jussa superba
Magnanimi Jovis. Hæc pro virginitate reponit!
Quo vitam dedit æternam? cur mortis ademta est
Conditio? Possem tantos finire dolores   880
Nunc certe, et misero fratri comes ire per umbras.
Immortalis ego! aut quidquam mihi dulce meorum
Te sine, frater, erit? O quæ satis alta dehiscat
Terra mihi, Manesque deam demittat ad imos! »
Tantum effata, caput glauco contexit amictu   885
Multa gemens, et se fluvio dea condidit alto.

    Æneas instat contra, telumque coruscat
Ingens, arboreum, et sævo sic pectore fatur :
« Quæ nunc deinde mora est? aut quid jam, Turne, retractas?

---

t-elle, que peut maintenant ta sœur pour toi? ou quelle espérance
me reste-t-il dans mon infortune? Par quel artifice prolonger tes
jours? Est-il en mon pouvoir de résister au monstre qui t'assiége?
C'en est fait, j'abandonne le champ du combat. Cessez d'accroître
mes terreurs, oiseaux funestes : je connais le bruit de vos ailes et
votre cri de mort. Je ne comprends que trop les arrêts cruels du
grand Jupiter. Voilà donc comme il me récompense de ma virginité
ravie! Pourquoi m'a-t-il donné une vie éternelle? Pourquoi m'a-t-il
affranchi de la loi de la mort? Je pourrais du moins aujourd'hui finir
mes cruelles douleurs et accompagner chez les ombres mon frère
infortuné. Moi, immortelle! Mais quelle douceur pourrai je goûter
sans toi, ô mon frère? Oh! quel abîme assez profond s'ouvrira sous
mes pas pour m'engloutir, toute déesse que je suis, dans le séjour
des Mânes! » A ces mots, la nymphe couvre sa tête d'un voile d'a-
zur et se plonge en gémissant dans le fleuve.

    Cependant Énée presse son adversaire, fait étinceler sa longue et
formidable javeline, et d'une voix tonnante : « Que tardes-tu maintenant? Turnus. Veux-tu éluder encore le combat? Nous n'avons

potest te juvare ?
Aut quid superat jam
mihi duræ ?
qua arte
morer tibi
lucem ?
possumne me opponere
tali monstro ?
Jam jam linquo acies.
Ne terrete me timentem,
volucres obscenæ :
nosco verbera alarum,
sonumque letalem ;
nec jussa superba
magnanimi Jovis
fallunt.
Reponit hæc
pro virginitate !
Quo
dedit vitam æternam ?
cur conditio mortis
ademta est ?
Nunc certe
possem finire
tantos dolores,
et ire comes
misero fratri
per umbras.
Ego immortalis !
aut quidquam meorum
erit dulce mihi
sine te, frater ?
O quæ terra satis alta
dehiscat mihi,
demittatque deam
ad Manes imos ? »
Effata tantum,
dea contexit caput
amictu glauco,
gemens multa,
et se condidit fluvio alto.
   Æneas instat contra,
coruscatque telum ingens,
arboreum,
et fatur sic pectore sævo :
« Quæ mora
est nunc deinde ?

peut-elle t'aider ?
Où que reste-t-il désormais
à moi malheureuse ?
par quel artifice
pourrais-je retarder (prolonger) à toi
la lumière (la vie) ?
est-ce que je puis m'opposer
à un tel monstre ?
Déjà, déjà je quitte les batailles.
N'effrayez pas moi qui crains,
oiseaux sinistres :
je connais les coups de *vos* ailes,
et *leur* bruit mortel ;
et les ordres superbes
du magnanime Jupiter
n'échappent pas *à moi*.
Il *me* rend (paye) *donc* ce *prix*
en échange de *ma* virginité !
Dans-quel-but
m'a-t-il donné une vie éternelle ? [mort
pourquoi la condition (nécessité) de la
m'a-t-elle été ravie ?
Maintenant assurément
je pourrais finir
de si grandes douleurs,
et aller *comme* compagne
à *mon* malheureux frère
à travers (chez) les ombres.
Moi immortelle !
ou quelque chose de mes *biens*
sera-t-il doux (cher) à moi
sans toi, *mon* frère ?
oh ! quelle terre assez profonde
pourrait s'ouvrir pour moi,
et pourrait faire-descendre *moi* déesse
chez les Mânes les plus profonds ? »
Ayant dit tout autant *de paroles*,
la déesse couvrit *sa* tête
d'un voile bleu,
gémissant beaucoup,
et se cacha dans le fleuve profond.
   Énée presse de son côté,
et brandit un trait énorme,
gros-comme-un-arbre,
et parle ainsi d'une poitrine menaçante :
« Quel retard
est maintenant désormais ?

Non cursu, sævis certandum est cominus armis.   890
Verte omnes tete in facies, et contrahe quidquid
Sive animis, sive arte vales; opta ardua pennis
Astra sequi, clausumve cava te condere terra. »
Ille, caput quassans : «•Non me tua fervida terrent
Dicta, ferox : di me terrent, et Jupiter hostis. »   895
Nec plura effatus, saxum circumspicit ingens,
Saxum antiquum, ingens, campo quod forte jacebat,
Limes agro positus, litem ut discerneret arvis :
Vix illud lecti bis sex cervice subirent,
Qualia nunc hominum producit corpora tellus ;   900
Ille manu raptum trepida torquebat in hostem,
Altior insurgens, et cursu concitus heros.
Sed neque currentem se, nec cognoscit euntem,
Tollentemve manu, saxumque immane moventem ;
Genua labant, gelidus concrevit frigore sanguis :   905
Tum lapis ipse viri, vacuum per inane volutus,
Nec spatium evasit totum, nec pertulit ictum.

pas ici à lutter à la course, mais bien avec des armes cruelles. Prends
à ton gré toutes les formes, tente tout ce que peut le courage ou
la ruse ; demande des ailes pour t'envoler vers les astres, ou cache-
toi dans les profondeurs de la terre. » Turnus, secouant la tête, lui
répond : « Tes discours menaçants ne m'effrayent point, barbare :
ce qui m'effraye, ce sont les dieux, c'est Jupiter irrité. » Il ne dit
que ces mots, et, regardant autour de lui, il aperçoit une pierre
énorme qui gisait dans la plaine, bloc antique et monstrueux, qui
servait de borne aux champs voisins et marquait leurs bords litigieux.
A peine douze hommes des plus robustes, tels que la terre maintenant les produit, pourraient soutenir cette masse sur leurs épaules.
Turnus l'enlève d'une main frémissante, se dresse de toute sa hauteur et lance en courant le roc à son ennemi. Mais Turnus ne re-
trouve plus sa vigueur accoutumée, soit qu'il s'élance et marche,
soit qu'il soulève et balance l'énorme fardeau : ses genoux fléchissent, un frisson subit a glacé son sang, et la pierre, qui roule dans
le vide des airs, ne peut ni fournir sa carrière, ni porter le coup

aut quid retractas jam, Turne? ou pourquoi tergiverses-tu encore, Turnus?

Non est certandum cursu, cominus armis sævis. Il n'y a pas à-lutter à la course, *mais* de près avec des armes cruelles.

Verte tete in omnes facies, et contrahe quidquid vales sive animis, sive arte; opta Change-toi en toutes les formes, et réunis tout ce que tu as-de-valeur soit par le courage, soit par l'adresse; choisis

sequi pennis astra ardua, de poursuivre avec des plumes (ailes) les astres élevés,

condereve te clausum terra cava. » ou de cacher toi enfermé dans la terre creuse (dans ses entrailles).»

Ille, quassans caput: Lui, secouant la tête:

« Tua dicta fervida non me terrent, ferox: di me terrent, et Jupiter hostis. » « Tes paroles enflammées ne m'effrayent pas, *guerrier* superbe: *mais* les dieux m'effrayent, et Jupiter *qui m'est* ennemi. »

Nec effatus plura, circumspicit saxum ingens, Et n'ayant pas dit plus de *paroles*, il cherche-des-yeux-tout-autour un rocher énorme,

saxum antiquum, ingens, quod forte jacebat campo, limes positus agro, un rocher antique, énorme, qui par hasard était-gisant dans la plaine, limite posée pour un champ,

ut discerneret litem arvis: pour qu'elle séparât (empêchât, prévînt) *toute* querelle au sujet des terrains:

vix bis sex lecti subirent illud cervice, à peine deux-fois six *hommes* choisis se placeraient-sous ce *rocher* (le soulève- avec *leur* cou, [raient)

qualia tellus nunc producit corpora hominum; *tels* que la terre aujourd'hui produit des corps d'hommes;

ille heros torquebat in hostem raptum manu trepida, insurgens altior, et concitus cursu. lui, le héros, *le* brandissait contre *son* ennemi saisi d'une main empressée, se dressant plus haut, et lancé par *sa* course.

Sed se cognoscit neque currentem, nec euntem, tollentemve manu, moventemque saxum immane; Mais il ne se reconnaît ni courant, ni marchant, ou (ni) soulevant de la main, et remuant le rocher énorme;

genua labant, sanguis gelidus concrevit frigore: *ses* genoux chancellent, *son* sang glacé s'est caillé par le froid:

tum lapis ipse viri, volutus per inane vacuum, nec evasit spatium totum, puis la pierre même du guerrier, roulée à travers l'air vide, et ne franchit pas l'espace tout entier,

Ac velut in somnis, oculos ubi languida pressit
Nocte quies, nequidquam avidos extendere cursus
Velle videmur, et in mediis conatibus ægri   910
Succidimus ; non lingua valet, non corpore notæ
Sufficiunt vires, nec vox aut verba sequuntur :
Sic Turno, quacumque viam virtute petivit,
Successum dea dira negat. Tum pectore sensus
Vertuntur varii : Rutulos adspectat et urbem,   915
Cunctaturque metu, telumque instare tremiscit ;
Nec quo se eripiat, nec qua vi tendat in hostem,
Nec currus usquam videt, aurigamve sororem.
   Cunctanti telum Æneas fatale coruscat,
Sortitus fortunam oculis, et corpore toto   920
Eminus intorquet. Murali concita nunquam
Tormento sic saxa fremunt, nec fulmine tanti
Dissultant crepitus. Volat atri turbinis instar
Exitium dirum hasta ferens ; orasque recludit
Loricæ, et clypei extremos septemplicis orbes,   925

médité. Ainsi la nuit, durant nos songes, quand un pesant sommeil presse nos paupières, il nous semble que nous nous élançons par un élan ambitieux dans une course impuissante ; mais au milieu de nos vains efforts, nous succombons épuisés ; notre langue reste muette, notre corps est sans vigueur, et ni la voix, ni les paroles ne suivent nos désirs. Ainsi, quoi que tente la valeur de Turnus, il sent que l'infernale déesse met obstacle à son triomphe. Alors mille sentiments divers s'élèvent dans son cœur. Il regarde tour à tour et les Rutules, et Laurente ; il est comme enchaîné par la crainte, et il voit en frissonnant le trait qui le menace. Il ne sait comment échapper, comment résister à son rival ; il ne voit plus ni son char, ni sa sœur pour le conduire.

   Tandis qu'il flotte dans cette incertitude, Énée brandit son fatal javelot, cherche des yeux une place à ses coups et de loin le fait voler de toute sa force. Jamais ne frémirent ainsi les pierres ébranlées par le bélier qui bat les murailles ; jamais ne retentirent avec tant de bruit les éclats de la foudre. Comme un noir tourbillon, le trait, portant la mort, vole, perce les bords du bouclier que recouvrent sept lames d'airain, traverse l'extrémité de la cuirasse et s'en

nec pertulit ictum. | et ne porta-pas-jusqu'au-bout le coup.
Ac velut in somnis, | Et comme dans le sommeil,
ubi quies languida | lorsqu'un repos languissant
pressit oculos nocte, | a pressé *nos* yeux dans la nuit,
nequidquam videmur velle | vainement nous paraissons vouloir
extendere cursus | prolonger *notre* course
avidos, | désireuse *d'aller plus loin*,
et ægri succidimus | et malades nous fléchissons
in mediis conatibus; | au milieu de *nos* efforts;
lingua non valet, | *notre* langue n'a-pas-de-force,
vires notæ | *nos* forces connues (habituelles)
non sufficiunt corpore, | ne se présentent pas dans *notre* corps,
nec vox, aut verba | ni la voix, ou (ni) les paroles
sequuntur : | ne suivent (ne se produisent) :
sic dea dira | ainsi la déesse cruelle
negat successum Turno, | refuse le succès à Turnus,
quacumque petivit viam | partout où il a cherché une route
virtute. | par *son* courage.
Tum sensus varii | Alors des sentiments divers
vertuntur pectore : | se roulent dans *son* cœur :
aspectat Rutulos et urbem, | il regarde les Rutules et la ville,
cunctaturque metu, | et hésite par crainte,
tremiscitque | et il voit-en-tremblant
telum instare; | le trait *d'Énée le* menacer;
nec videt | et il ne voit pas
quo se eripiat, | où il pourrait se dérober,
nec qua vi | ni avec quelle force
tendat in hostem, | il pourrait marcher contre *son* ennemi,
nec currus usquam, | et *il* ne *voit* pas *son* char quelque part,
sororemve aurigam. | ou (ni) *sa* sœur *pour* cocher.
Æneas coruscat | Enée brandit
cunctanti | contre *Turnus* hésitant
telum fatale, | *son* trait fatal,
sortitus fortunam | ayant choisi le moment-favorable
oculis, | avec les yeux,
et eminus | et de loin
intorquet toto corpore. | il *le* lance de tout *son* corps.
Nunquam saxa fremunt sic | Jamais les rochers ne frémissent ainsi
concita | mis-en-mouvement
tormento murali, | par la machine qui-bat-les-murailles,
nec tanti crepitus | et *jamais* autant de fracas
dissultant | ne sautent-de-côté-et-d'autre
fulmine. | par la foudre *lancée*.
Hasta ferens exitium dirum | La javeline apportant une mort cruelle
volat instar atri turbinis; | vole comme un noir tourbillon;
recluditque oras loricæ, | et elle ouvre les bords de la cuirasse,
et extremos orbes | et l'extrémité du contour

Per medium stridens transit femur : incidit ictus
Ingens ad terram duplicato poplite Turnus.
Consurgunt gemitu Rutuli, totusque remugit
Mons circum, et vocem late nemora alta remittunt.
Ille humilis supplexque oculos dextramque precantem 930
Protendens : « Equidem merui, nec deprecor, inquit ;
Utere sorte tua. Miseri te si qua parentis
Tangere cura potest, oro (fuit et tibi talis
Anchises genitor), Dauni miserere senectæ,
Et me, seu corpus spoliatum lumine mavis, 935
Redde meis. Vicisti, et victum tendere palmas
Ausonii videre ; tua est Lavinia conjux ;
Ulterius ne tende odiis. » Stetit acer in armis
Æneas, volvens oculos, dextramque repressit ;
Et jam jamque magis cunctantem flectere sermo 940
Cœperat, infelix humero quum apparuit alto
Balteus, et notis fulserunt cingula bullis

va, sifflant, s'enfoncer au milieu de la cuisse. Le grand Turnus ploie
les genoux et tombe à terre. Les Rutules font entendre un lamentable gémissement ; les monts d'alentour en retentissent, et, dans la
profondeur des forêts, l'écho le renvoie en longs murmures. Alors,
humble et suppliant, Turnus implore Énée du regard et de la main :
« J'ai mérité la mort, dit-il, et je ne veux pas l'éloigner par mes
prières : use de ta fortune. Mais si la douleur d'un malheureux père
peut te toucher (hélas ! Anchise, ton père, fut aussi courbé sous le
poids des ans), aie pitié, je t'en conjure, de la vieillesse de Daunus : rends-lui son fils, ou, si tu le préfères, rends-lui mon corps
privé de la vie. Je suis vaincu, et les Ausoniens ont vu Turnus tendre vers son vainqueur ses mains désarmées. Lavinie est ton épouse,
n'étends pas plus loin ta haine. » Énée, malgré son courroux, s'arrête, et, roulant les yeux, retient son bras prêt à frapper, et déjà
les paroles de Turnus commençaient à le toucher davantage, quand
il aperçoit sur l'épaule du Rutule, et brillant d'ornements si con-

clypei septemplicis,	du bouclier aux-sept-replis,
stridens transit	sifflante elle traverse (passe)
per medium femur :	à travers le milieu de la cuisse ·
ingens Turnus ictus	le grand Turnus frappé
incidit ad terram	tombe à terre
poplite duplicato.	son jarret étant doublé (ployé).
Rutuli	Les Rutules
consurgunt gemitu,	s'élèvent par (poussent) un gémissement,
totusque mons	et toute la montagne
remugit circum,	en retentit autour,
et nemora alta	et les forêts profondes
remittunt late vocem.	renvoient au loin la voix (le cri).
Ille humilis supplexque	Lui (Turnus) humble et suppliant
protendens	tendant-en-avant
oculos dextramque	ses yeux et sa droite
precantem :	qui prie :
« Merui equidem,	« J'ai mérité assurément la mort,
nec deprecor,	et je ne l'écarte-pas-par-mes-prières,
inquit ;	dit-il ;
utere tua sorte.	use de ta fortune (ton droit).
Si qua cura parentis miseri	Si quelque soin d'un père malheureux
potest te tangere,	peut te toucher,
oro	je t'en prie
(Anchises genitor	(Anchise ton père
fuit et tibi talis),	fut à toi aussi tel),
miserere senectæ Dauni,	aie-pitié de la vieillesse de Daunus,
et redde me meis,	et rends-moi aux miens,
seu mavis	ou si tu le préfères
corpus spoliatum lumine.	rends-leur mon corps privé de la lumière.
Vicisti,	Tu as vaincu,
et Ausonii videre victum	et les Ausoniens ont vu moi vaincu
tendere palmas ;	tendre les mains vers toi ;
Lavinia est tua conjux ;	Lavinie est ton épouse ;
ne tende ulterius	ne va pas plus loin
odiis. »	dans tes haines. »
Acer Æneas	L'ardent Énée
stetit in armis,	s'arrêta immobile dans (sous) ses armes,
volvens oculos,	roulant les yeux,
repressitque dextram;	et il réprima (retint) sa droite;
et jam jamque magis	et déjà et déjà davantage (de plus en plus) '
sermo cœperat	le discours de Turnus avait commencé
flectere cunctantem,	à fléchir lui hésitant,
quum apparuit	lorsque lui apparut
alto humero	sur le haut de l'épaule de Turnus
balteus infelix,	le baudrier malheureux de Pallas
et fulserunt	et que brilla à ses yeux
bullis notis	par ses boutons bien connus

Pallantis pueri, victum quem vulnere Turnus
Straverat, atque humeris inimicum insigne gerebat.
Ille, oculis postquam sævi monumenta doloris   945
Exuviasque hausit, furiis accensus, et ira
Terribilis : « Tune hinc spoliis indute meorum
Eripiare mihi ? Pallas te hoc vulnere, Pallas
Immolat, et pœnam scelerato ex sanguine sumit. »
Hoc dicens, ferrum adverso sub pectore condit   950
Fervidus : ast illi solvuntur frigore membra,
Vitaque cum gemitu fugit indignata sub umbras [1].

nus, le fatal baudrier de Pallas, de ce jeune Pallas que Turnus a
vaincu, abattu d'un coup mortel, et dont il suspendit alors à ses
flancs la riche dépouille. Énée attache un moment ses regards sur ce
triste trophée, monument d'une amère douleur, et soudain, à ce
souvenir, bouillonnant de courroux et frémissant de rage : « Hé
quoi ! s'écrie-t-il, encore paré des dépouilles des miens, tu m'échap-
perais ! C'est Pallas qui te porte ce coup, c'est Pallas qui t'immole
et qui venge sa mort dans ton sang criminel. » A ces mots, enflammé de colère, il lui plonge son fer dans le sein. Soudain le
froid de la mort glace les membres du guerrier, et son âme indignée
s'enfuit en gémissant chez les ombres.

cingula pueri Pallantis,	le ceinturon du jeune Pallas,
quem Turnus	que Turnus
straverat vulnere	avait abattu par une blessure
victum,	vaincu *par lui*,
atque gerebat humeris	et *dont* il portait sur *ses* épaules
insigne inimicum.	l'insigne (la dépouille) ennemie.
Ille,	Lui (Énée),
postquam hausit oculis	après qu'il a puisé (vu) de *ses* yeux
monumenta doloris sævi	*ces* souvenirs d'une douleur cruelle
exuviasque,	et *ces* dépouilles,
accensus furiis,	enflammé de fureur,
et terribilis ira :	et terrible par *sa* colère :
« Tune eripiare hinc mihi,	« Toi tu serais arraché d'ici à moi,
indute spoliis meorum?	*ô toi* revêtu des dépouilles des miens?
Pallas, Pallas	Pallas, Pallas
te immolat hoc vulnere,	t'immole par cette blessure,
et sumit pœnam	et tire une peine
ex sanguine scelerato. »	de *ton* sang criminel. »
Dicens hoc,	En disant cela,
fervidus condit ferrum	enflammé il cache (enfonce) le fer
sub pectore adverso :	sous la poitrine *placée* en-face *de lui*;
ast illi	mais à lui (à Turnus)
membra solvuntur	*ses* membres sont détendus
frigore,	par le froid *de la mort*,
vitaque indignata	et *sa* vie (son âme) irritée
fugit sub umbras	fuit sous (chez) les ombres
cum gemitu.	avec un gémissement.

NOTES.

Page 4 : 1. *Præstans animi*, hellénisme, au lieu de *præstans animo.*

Page 14 : 1. *Terrificos ciet, atque irasci in cornua tentat, etc.* Ces trois vers se trouvent dans les *Géorgiques*, liv. III, vers 232 et suivants.

Page 18 : 1. *Albanus.* La ville d'Albe fut depuis bâtie au pied de cette montagne, à quinze milles de Laurente.

— 2. On voit combien est peu sérieuse la distinction que l'on a voulu établir entre *divus* et *deus;* c'est précisément ici Junon qui devrait être appelée *dea*, et c'est à elle que le poëte donne l'épithète *diva.*

Page 26 : 1. Cette comparaison est traduite d'Homère.

Page 38 : 1. *Olli dura quies oculos et ferreus urget, etc.* On a déjà vu ces deux vers, liv. X, vers 745 et 746.

Page 50 : 1. *Dictamnum genitrix Cnœtea carpit ab Ida.* Le *dictame* est ainsi nommé du mont *Dictys*, dans l'île de Crète, qui avait aussi son mont Ida, comme la Phrygie. C'est une plante vivace, commune en Italie, et qui fournit une huile essentielle, très-estimée par les anciens pour la guérison des plaies. Le *dictame de Crète*, dont parle ici Virgile, est remarquable par son odeur aromatique et ses jolies fleurs purpurines et en épi.

Page 54 : 1. *Rhœteius*, pour *Trojanus*, à cause de *Rhœteum*, ville et promontoire de la Troade.

Page 62 : 1. *Nomen Echionium.* Thébain. Les habitants de Thèbes étaient appelés *Échioniens*, du nom d'Échion, un des compagnons de Cadmus, qui fonda la ville de Thèbes, en Béotie.

— 2. *Lernæ.* Le lac de *Lerne* était sur les frontières de l'Argolide et de la Laconie. De ce lac coulait une rivière du même nom, que

Virgile représente ici comme très-poissonneuse, et qui se jetait dans la mer, au-dessous de **Prasium.**

Page 70 : 1. *Altera fœdera rumpi.* Latinus avait fait un premier traité avec les Troyens, *Én.*, liv. VII, vers 260.

Page 84 : 1. *Athos.... Eryx.... Apenninus.* L'*Athos* est une haute montagne de Macédoine, qui s'avance dans la mer Égée, en forme de presqu'île. — *Eryx.* Haute montagne de Sicile, qui domine sur la ville de Drépanum. — L'*Apennin* est une chaîne de montagnes qui tient aux Alpes et s'étend dans toute la longueur de l'Italie, qu'elle partage en deux.

— 2. *Sila.... Taburno. Sila* est une montagne du pays des Bruttiens, à l'extrémité de l'Italie. — Le mont *Taburne,* aujourd'hui *Taburo*, près de Caudium et des fourches Caudines.

Page 90 : 1. *Umber,* c'est-à-dire un chien d'*Ombrie.* L'*Ombrie*, province d'Italie, à l'orient de l'Étrurie, avait des chiens estimés pour leur force et leur ardeur.

Page 102 : 1. *Arrectæque horrore comæ, et vox faucibus hæsit.* On a déjà vu ce vers, *Én.*, liv. IV, vers 280.

— 2. *Unguibus ora soror fœdans, et pectora pugnis. Én.*, liv. IV, vers 673.

Page 112 : 1. *Vitaque cum gemitu fugit indignata sub umbras. Én.*, liv. XI, vers 831.

PARIS. — IMPRIMERIE DE CH. LAHURE ET Cie

Rues de Fleurus, 9, et de l'Ouest, 21

LIBRAIRIE DE L. HACHETTE ET Cie,

RUE PIERRE-SARBAZIN, 14, A PARIS
(Près de l'Ecole de médecine).

LES
AUTEURS LATINS
EXPLIQUÉS
D'APRÈS UNE MÉTHODE NOUVELLE PAR DEUX TRADUCTIONS FRANÇAISES,

ne littérale et *juxtalineaire*, presentant le mot à mot français en
egard des mots latins correspondants; l'autre correcte et precédée
u texte latin ; avec des Sommaires et des Notes en français,
ar une Société de Professeurs et de Latinistes. Format in - 12.

te collection comprendra les principaux auteurs qu'on explique dans les classes

EN VENTE :

fr.

LES
AUTEURS GRECS
EXPLIQUÉS
D'APRÈS UNE MÉTHODE NOUVELLE PAR DEUX TRADUCTIONS FRANÇAISES,

L'une littérale et *juxtalinéaire*, présentant le mot à mot français
regard des mots grecs correspondants; l'autre correcte et précéd
du texte grec; avec des Sommaires et des Notes en français; par u
Société de Professeurs et d'Hellénistes. Format in-12.

Cette collection comprendra les principaux auteurs qu'on explique dans les class

EN VENTE :

fr.

LES AUTEURS ANGLAIS

LES AUTEURS ALLEMANDS.

LES AUTEURS ARABES

Paris. — Imprimerie de Ch. Lahure et Cie, rues de Fleurus, 9, et de l'Ouest, 21.

www.ingramcontent.com/pod-product-compliance
Lightning Source LLC
Chambersburg PA
CBHW051742090426
42738CB00010B/2383